内卷的陷阱

寻找人生的第三条出路

望云叟 —— 编著

内蒙古人民出版社

图书在版编目（CIP）数据

内卷的陷阱：寻找人生的第三条出路 / 望云叟编著.
呼和浩特：内蒙古人民出版社，2025.6. -- ISBN 978-7-204-18582-5

Ⅰ．C913.3

中国国家版本馆 CIP 数据核字第 20252AF863 号

内卷的陷阱 —— 寻找人生的第三条出路

作　　者	望云叟
策划编辑	王　静
责任编辑	党　蒙
封面设计	施　军
出版发行	内蒙古人民出版社
地　　址	呼和浩特市新城区中山东路 8 号波士名人国际 B 座五层
网　　址	http://www.impph.cn
印　　刷	唐山楠萍印务有限公司
开　　本	710mm×1000mm　1/16
印　　张	9
字　　数	150 千
版　　次	2025 年 6 月第 1 版
印　　次	2025 年 6 月第 1 次印刷
印　　数	1—20000 册
书　　号	ISBN 978-7-204-18582-5
总 定 价	59.80 元

如发现印装质量问题，请与我社联系。

联系电话：（0471）3946120

前言 Foreword

在这个竞争日益激烈的时代，内卷已成为一个无法回避的社会现象。从教育领域到职场竞争，从个人发展到社会资源配置，内卷的阴影无处不在。人们为了在竞争中占据优势，不断加大投入，却往往陷入投入越多、回报越少的困境。这种非理性的竞争模式，不仅消耗着个体的生命能量，也在消解着社会的创新活力。

内卷化竞争如同西西弗斯推石上山的现代寓言，人们被困在既定的游戏规则中重复无效做功。要打破这种自我消耗的困局，需要从认知革命到行动策略进行系统性重构。

内卷的本质是一场没有赢家的消耗战。在这场战争中，每个人都疲于奔命，却始终无法突破既有的生存框架。教育领域的内卷，让无数家庭陷入焦虑的深渊；职场中的内卷，使劳动者在996的工作制度下透支健康；社会竞争的内卷，更是将人们的价值追求简化为单一的成功标准。这种恶性循环，正在吞噬着社会的生机与活力。

面对内卷的困境，人们往往陷入非此即彼的思维定式：要么加入内卷，在竞争中耗尽心力；要么选择躺平，放弃对美好生活的追求。这种二元对立的思维方式，恰恰是内卷得以持续的心理基础。事实上，在这两个极端之间，还存在着更为理性、更具建设性的第三条出路。

本书试图突破传统思维的局限，探索一条超越内卷的新路径。这条路径不是简单的折中，而是基于对人性本质的深刻理解，对社会发展规律的准确把握，以及对个体价值的重新定义。它要求我们跳出固有的竞争框架，重新思考成功的定义，重构个人与社

内卷的陷阱——寻找人生的第三条出路

会的价值体系。

寻找第三条出路，这就意味着要打破内卷的恶性循环。需要我们重新审视教育的本质，超越分数至上的评价体系；需要我们重构职场伦理，建立更加人性化的工作模式；需要我们重塑社会价值观，创造多元化的成功标准。这是一场涉及个人、组织、社会多个层面的系统性变革。

本书将从多个维度探讨破解内卷困境的可能路径。我们将分析内卷的形成机制，揭示其背后的社会心理动因；我们将探讨教育、职场、社会等不同领域的内卷表现，并提出相应的解决方案；我们将关注那些已经走出内卷困境的个体和组织，总结他们的成功经验。

面对社会的不确定性，寻找第三条出路不仅是一种选择，更是一种必然。它代表着人们对更好生活的向往，对个体价值的尊重，对社会进步的追求。这条道路或许充满挑战，但只要我们勇于突破思维的局限，敢于创新实践，就一定能够开辟出一片新的天地。

让我们共同开启这场寻找第三条出路的探索之旅。在这条道路上，我们不仅要摆脱内卷的束缚，更要重新发现生命的价值，创造更加美好的未来。这不仅是个人发展的需要，更是推动社会进步的必然选择。

CONTENT 目录

PART 1　内卷现象的剖析 …………………………… 1
　　内卷现象的形成与表现 ………………………… 2
　　内卷现象的成因探究 …………………………… 5
　　内卷对个人和社会的影响 ……………………… 8
　　不同领域内卷的特点 …………………………… 11
　　如何识别身边的内卷行为 ……………………… 15
　　如何应对内卷的初步思考 ……………………… 18

PART 2　内卷的诱因：传统道路的困境 …………… 21
　　内卷的根本驱动：资源稀缺与竞争加剧 ……… 22
　　传统职业发展路径的局限性 …………………… 25
　　学历竞争的残酷现实 …………………………… 27
　　职场晋升的天花板效应 ………………………… 30
　　财富积累的艰难历程 …………………………… 34
　　突破传统道路的案例分析 ……………………… 38

PART 3　寻找第三条出路的契机 …………………… 43
　　新兴行业与领域的崛起 ………………………… 44
　　个体兴趣与市场需求的结合 …………………… 46
　　技术变革带来的机遇 …………………………… 51
　　社会结构调整的影响 …………………………… 54
　　跨领域合作与创新 ……………………………… 57
　　发现身边第三条出路的机会 …………………… 60
　　开启崭新的人生第三条出路 …………………… 62

PART 4	构建多元化的人生策略	67
	多元化职业选择的优势	68
	兼职与副业的实践探索	71
	学习与自我提升的多维路径	75
	社交网络与人脉资源的拓展	78
	身心健康与生活平衡的重要性	82
	制定个人多元化发展计划	85

PART 5	突破内卷的行动指南	89
	树立正确的价值观与心态	90
	提升自身核心竞争力的方法	94
	培养勇于尝试与创新的精神	99
	与他人合作与互助的策略	102
	应对压力与挫折的技巧	105
	培养持续学习的能力	111

PART 6	迈向人生新高度：向内卷说"不"	117
	拥抱不确定，在变化中寻找机遇	118
	增强竞争力，打造不可替代性	121
	保持终身学习，不断更新自我认知	126
	激励自己，克服恐惧与挑战	130
	探索新成长，突破内卷思维定式	134

PART 1
内卷现象的剖析

　　内卷,这个源自人类学的学术概念,正在成为描述当代社会竞争困境的关键词。它不仅仅是一个简单的竞争加剧现象,还是一场裹挟着个体的系统性困局。

　　在这场困局中,人们不断加大投入,却只能获得递减的回报。拼命奔跑,却始终停留在原地。教育、职场、婚恋,内卷的触角已经延伸到社会的每个角落,引起这个时代最显著的集体焦虑。在这场没有赢家的竞争中,每个人都是受害者,却又不得不身陷其中,成为推波助澜者。

内卷的陷阱——寻找人生的第三条出路

内卷现象的形成与表现

内卷现象是指在社会资源有限的情况下，个体或群体为争夺有限资源而不断加大投入，导致整体效率下降和个体负担加重的现象。文章分析了内卷现象在职场、教育和社交领域的具体表现，并探讨其对社会和个人的影响。研究表明，内卷现象加剧了社会竞争压力，影响了社会公平，并对个人身心健康造成负面影响。本文旨在提高对内卷现象的认识，为缓解其负面影响提供了参考。

内卷现象最初由美国人类学家吉尔茨在研究印度尼西亚农业内卷化时提出，用以描述一种社会或文化模式在达到某种最终形态后，无法稳定下来，也无法转变为新的形态，只能在内部不断复杂化的过程。随着社会的发展，这一概念被引申到更广泛的社会领域，用来描述一种过度竞争、资源浪费和效率低下的社会现象。

一、内卷现象的形成

内卷本质上是一种非理性的竞争状态，参与者为了在竞争中占据优势，不断加大投入，但这种投入往往无法带来相应的回报，反而会导致整体效率下降。

内卷现象的形成与多种因素有关。首先，社会资源的有限性是内卷产生的基础。当资源无法满足所有人的需求时，竞争就不可避免。其次，社会评价体系的单一化也是导致内卷的重要原因。在许多领域，成功往往被定义为在某个单一维度上的卓越表现，这促使人们将大量精力集中在有限的竞争领域。此外，信息技术的快速发展也加剧了内卷现象。社交媒体和即时通讯工具的普及使得人们更容易了解他人的成就和努力，从而产生焦虑感和紧迫感，进一步加剧了竞争。

二、内卷现象的表现

内卷现象在职场、教育和社交等多个领域都有明显表现。在职场领域，内卷表现为工作时间延长、工作强度增加，但工作效率并未相应提高。许多员工为了在竞争中脱颖而出，自愿加班加点工作，甚至牺牲节假日休息时间。这种现象不仅导致员工身心俱疲，还可能导致整体工作效率的降低。例如，在一些互联网公司，996工作制（早9点上班，晚9点下班，每日工作10小时以上，每周工作6天）已经成为常态，员工们为了不被淘汰而不得不接受这种高强度的工作模式。

在教育领域，内卷现象表现为学生和家长为了在升学竞争中取得优势，不断加大教育投入。课外辅导班、特长培训等已经成为许多学生的"必修课"，学生们的时间被各种补习和培训填满，失去了应有的休息和娱乐时间。这种现象不仅加重了学生的负担，还可能不利于提高教育质量。例如，在一些重点中学，学生们每天学习时间超过12个小时，周末也被各种补习班占据，这种高强度的学习模式虽然可能让学生在短期内提高考试成绩，但长远来看可能会阻碍学生的创造力和全面发展。

在社交领域，内卷现象表现为人们为了维持社交形象而不断投入时间和精力。社交媒体上的"晒"文化就是典型表现之一，人们为了展示自己生活中美好的一面，不惜花费大量时间精心修饰照片和文字，甚至过度消费以维持所谓的"精致"生活。这种社交内卷不仅浪费了大量时间和资源，还可能造成人们的心理压力骤升以及真实社交能力的下降。例如，一些年轻人为了在社交媒体上展示"完美"生活，不惜借贷购买奢侈品或频繁出入高档场所，这种行为不仅会增加经济负担，严重的还会引发心理健康问题。

三、内卷现象的影响

内卷现象对社会和个人都产生了深远的影响。从社会层面来看，内卷加剧了社会竞争压力，导致社会资源的浪费。当大量资源被投入到非生产性竞争中时，

内卷的陷阱——寻找人生的第三条出路

社会的创新能力和可持续发展能力可能会受到影响。此外，内卷现象还会加剧社会的不平等，因为那些拥有更多资源的人往往能够在竞争中占据优势，而资源较少的人则可能被进一步边缘化。

内卷现象对个人发展的影响同样不容忽视。首先，内卷可能导致个人身心健康出现损害。长期处于高强度竞争状态中，人们容易产生焦虑、抑郁等心理问题，同时还可能面临视力损伤、营养不良、"三高"等身体健康问题。其次，内卷可能限制个人的全面发展。当人们将大量精力集中在某个单一领域的竞争中时，可能会忽视其他方面的发展，如兴趣爱好、社交能力等。最后，内卷可能导致个人价值观的扭曲。在过度竞争的环境中，人们有时会将成功简单等同于在某个领域的卓越表现，反而忽视了生活的其他重要方面，如家庭、友情和个人成长。

为了缓解内卷带来的负面影响，我们需要从多个方面入手。第一，努力构建一个更加多元化的评价体系，减少单一维度竞争带来的压力。第二，加强社会资源的合理分配，为更多人提供公平的发展机会。第三，个人要树立正确的价值观，在追求事业成功的同时，注重身心健康，实现全面发展。只有通过多方努力，我们才能够有效应对内卷，构建一个更加健康、和谐的社会环境。

内卷现象的成因探究

内卷现象具有多方面成因,是多种因素共同作用的结果。

一、社会层面

(一)社会竞争加剧

随着全球化进程的加速和信息技术的飞速发展,社会竞争日益激烈。人们不仅要面对本地区竞争者,还要应对来自全国乃至全球的竞争压力。这种激烈的竞争环境迫使个体不断加大投入,以期在竞争中脱颖而出,从而造成了内卷的恶性循环。

(二)社会期望值过高

现代社会对个人的要求越来越高,不仅要求专业能力,还要求全面发展。这种高期望值给个体带来了巨大压力,迫使他们不断追求更高的成就和更多的技能。同时,社会对成功的定义日趋单一,往往以收入、地位等外在标准来衡量个人价值,进一步加剧了内卷的程度。

(三)社会流动性降低

随着社会阶层的固化,向上流动的机会减少,人们不得不通过更加激烈的竞争来争取有限的机会。这种现象在职场尤为明显,以某互联网公司为例,员工为了获得晋升机会,不得不延长工作时间,甚至牺牲个人生活。这种现象导致996工作制的普遍存在。虽然这种工作模式提高了短期产出,但长期来看,却导致了员工身心俱疲、创新力下降,反而影响了公司的长期发展。

内卷的陷阱——寻找人生的第三条出路

二、经济层面

(一) 资源分配不均

在市场经济条件下,优质资源往往集中在少数人或群体手中,大多数人只能争夺有限的剩余资源。这种不均衡的资源分配造成了激烈的竞争,促使个体不断加大投入以获取更多资源,从而形成了资源内卷。

(二) 劳动力市场供需失衡

随着高等教育的普及,高学历人才供给过剩,而高质量的工作机会相对有限。这种供需失衡导致求职者不得不通过提高学历、积累工作经验等方式来增强竞争力。

(三) 经济增长放缓

在经济高速增长时期,机会相对较多,个人发展空间较大。然而,当经济增长放缓时,机会就会减少。人们为了维持或提升现有地位,不得不加大投入,由此陷入内卷的漩涡。这种现象在职场中尤为明显,员工为了保住工作或获得晋升,不得不延长工作时间、承担更多任务,导致工作压力不断增加。

三、教育层面

(一) 教育评价体系单一化

当前,考试成绩仍然是评价学生能力和学校教育质量的主要标准。这种单一的评价体系迫使学校和家长过分注重考试成绩,忽视了学生的全面发展。以某重点高中为例,学生每天学习时间超过12小时,周末和假期也被各种补习班占据。为了提高成绩,学生不得不进行大量重复性练习,牺牲了休息和娱乐时间。这种过度竞争不仅影响了学生的身心健康,也扼杀了他们的创造力和学习兴趣。

(二) 优质教育资源稀缺

重点学校、名师资源等优质教育资源十分有限,而家长和学生对这些资源的需求却十分旺盛。为了获得优质教育资源，家长不惜重金购买学区房、报读各种补习班，学生不得不投入更多时间和精力学习，造成激烈的竞争局面。

（三）家长的过度焦虑

在激烈的教育竞争环境下，家长普遍担心子女输在起跑线上，因此不断加大对子女教育的投入。这种焦虑情绪通过家长之间的攀比和竞争进一步放大，甚至全社会范围迅速传播。

三、个人层面

（一）个人价值观的转变

在现代社会，成功往往被等同于高收入、高地位，这种单一的价值观导致人们不断追求更高的物质成就。为了达到这些目标，个人不得不加大投入力度，一遍遍在内卷中循环往复。

（二）自我期望过高

在社交媒体和成功学的影响下，许多人设定了不切实际的目标，并为此付出了很多努力。然而，当现实与期望存在差距时，个人往往会感到挫败和焦虑，从而进一步加剧了内卷。以某社交平台为例，用户为了获得更多关注和点赞，不断追求更精致的生活方式、更完美的外表展示。这种虚拟世界的竞争导致了现实生活中的压力和焦虑，许多人为了维持社交媒体上的形象，不惜过度消费或进行不必要的整容手术，形成了新的内卷形式。

（三）同辈压力

在社交圈子中，人们往往会不自觉地同他人进行比较，担心落后于同龄人。这种比较心理促使个人不断加大投入，以保持或提升自己的社会地位。某互联网公司 35 岁项目经理周明发现，同期入职的同事纷纷考取 PMP（项目管理专业人士资格认证）、云计算认证，周末朋友圈全是 MBA 课程打卡。尽管年薪已过 50

万,他仍咬牙报名2.8万的敏捷管理培训班,每天通勤时间听行业播客。半年后部门竞聘,当HR要求提交"近两年学习成长证明"时,周明厚达37页的培训证书成为关键筹码。成功晋升后他在日记里写道:"我们就像跑步机上的人——不是自己想加速,是怕被传送带甩下去。"

内卷现象是多种因素共同作用的结果。从社会层面来看,竞争加剧、期望值提高和流动性降低是主要成因;从经济层面来看,资源分配不均、劳动力市场失衡和经济增长放缓推动了内卷;从教育层面来看,评价体系单一、优质资源稀缺和家长焦虑加剧了教育内卷;从个人层面来看,价值观转变、自我期望过高和同辈压力则进一步强化了内卷现象。

为了应对内卷现象,我们需要多管齐下。在社会层面,应该努力营造更加公平、多元的竞争环境,拓宽个人发展渠道;在经济层面,应该优化资源配置,促进经济高质量发展,创造更多优质就业机会;在教育层面,应该改革评价体系,促进教育公平,缓解家长焦虑;在个人层面,应该树立正确的价值观,合理设定目标,保持身心健康。

内卷对个人和社会的影响

相关心理学研究表明,长期处于内卷环境中的个体,焦虑症发病率较常人高37%。深圳某科技企业程序员坦言:"每天工作12小时,凌晨3点还在改代码,不是因为热爱,而是怕被淘汰。"这种"被裹挟的奋斗"导致35岁以下职场人抑郁倾向检出率突破28%,部分极端案例甚至出现"数字游民"群体——通过频繁更换短期项目维持收入,却丧失了职业归属感。

一、内卷对个人的影响

内卷影响个人心理健康。在高度竞争的环境中，个人往往承受着巨大的心理压力。无论是学生还是职场人士，为了在激烈的竞争中脱颖而出，往往需要付出超乎寻常的努力。这种持续的高压状态容易导致焦虑、抑郁等心理问题。例如，许多学生在面对升学压力时，会出现失眠、食欲不振等症状，严重者甚至会产生自杀倾向。职场人士则可能因为工作压力过大，出现职业倦怠、情绪失控等问题。

内卷影响个人职业发展。在竞争激烈的职场环境中，个人经常通过不断加班、提升技能以保持竞争力。然而，这种过度竞争和努力并不一定带来相应的回报。许多职场人士发现，尽管他们付出了大量的时间和精力，但职业晋升的机会却越来越少，薪资增长也趋于停滞。这种现象不仅打击了个人的职业信心，还可能导致职业发展路径的狭窄化，使得个人在职业选择上更加保守和谨慎。

内卷影响个人生活质量。在追求更高社会地位和经济收入的过程中，个人往往会忽视生活中其他重要方面，如家庭、健康和休闲。许多职场人士为了工作牺牲与家人相处的时间，导致家庭关系紧张，甚至出现裂隙。长期高强度工作也使得个人健康状况每况愈下，缺乏足够的休息和锻炼，增加了患病风险。此外，内卷还使个人的休闲时间大大减少，无法充分享受生活，导致其无力体验生活的幸福感。

二、内卷对社会的影响

内卷为整个社会带来了多方面的挑战。在经济层面，内卷导致资源的低效配置和浪费。企业和个人往往将大量资源投入到无谓的竞争中，而不是创新和提升生产力。例如，许多企业为了在市场中占据一席之地，不断加大广告投入，打响价格战，而不是通过技术创新和产品升级来提高竞争力。这种低效的竞争模式不仅浪费了社会资源，而且抑制了经济的长期增长潜力。在教育层面，为了在升学考试中取得好成绩，学生和家长不得不投入大量时间和金钱进行课外辅导和培训。

内卷的陷阱——寻找人生的第三条出路

这种过度的教育竞争加重了家庭的经济负担，使得教育资源分配更加不均衡。优质教育资源集中在少数学校和地区，其余则面临资源匮乏的困境。同时，教育内卷还导致了教育目标的异化，学生被迫追求高分和名校，忽视了培养综合素质和提高创新能力。

内卷现象对社会价值观产生了极大影响。在高度竞争的环境中，成功经常被狭隘地定义为经济收入高或有社会地位，造成人们对经济收入和社会地位极度追捧的价值观。这种价值观的扭曲不仅使个人在追求成功的过程中忽视了生活的其他重要方面，还极易导致社会整体道德水平的下滑。例如，为了在竞争中获胜，一些人可能会采取不道德甚至非法的手段达到目的，如作弊、贿赂等。这种行为的蔓延破坏了社会公平正义，还削弱了社会的凝聚力和信任度。

面对内卷带来的多重挑战，个人和社会都需要采取积极的应对策略。个人层面，心理调适和职业规划是关键的应对手段。个人要学会管理压力，保持心理健康。可以通过定期锻炼、冥想和与亲友交流等方式来缓解压力。同时，培养积极的心态和乐观的情绪也有助于应对内卷带来的心理负担。在职业规划方面，个人应明确自己的职业目标和发展路径，避免盲目跟风和过度竞争。可以通过持续学习和技能提升来增强自身竞争力，也要注重工作与生活的平衡，避免过度劳累；社会层面，政策改革和教育体系优化是应对内卷的重要途径。政府层面应该制定和实施相关政策，促进资源的合理配置和公平竞争。例如，可以通过税收优惠和补贴政策，鼓励企业进行技术创新和产业升级，而不是陷入低效的投放广告或价格战。政府或相关部门还应加强对教育资源的均衡分配，减少教育内卷现象。可以通过增加教育投入、优化教育资源配置和提高教师待遇等措施，促进教育公平和质量的提升。只有个人和社会共同努力，才能有效应对内卷，实现个人和社会的可持续发展。

不同领域内卷的特点

内卷的本质是系统内资源有限且分配失衡，参与者被迫以高投入换取低回报，形成恶性竞争循环。它无声无息却又无处不在，正在以一种近乎失控的密度和烈度，在众多看似繁荣的领域里上演着投入与回报严重失衡的"红海血战"。人们精疲力竭，却仿佛被无形的鞭子抽打着，停不下来，也不敢停下来。那么，不同领域内卷具有什么特点呢？下面我们来分析。

一、职场内卷的特点

职场内卷主要表现为员工工作时间的延长和工作强度的增加。员工为了在竞争中脱颖而出，常常自愿加班，牺牲个人休息时间。这种过度竞争不仅导致他们身心俱疲，还影响了工作效率和创造力。职场内卷还表现在对学历和证书的过度追求上。许多员工为了提升竞争力，不断参加各类培训、考取各种证书，过度消耗时间和精力。

（一）高投入低回报的边际陷阱

互联网大厂员工平均每周加班 20 小时，但核心 KPI 完成度仅提升 3%。如同马拉松选手集体提速却无人能拉开差距，最终只是将及格线从"985 学历"推高到"常春藤硕士 +3 段大厂实习"。

（二）同质化竞争的囚徒困境

某投行部门全员报名 CFA 三级考试，实际工作中却无人使用该知识体系。这种"军备竞赛"本质是恐惧性投入——明知证书无效，但害怕成为组里唯一没持证的人。

（三）虚假忙碌的表演文化

某咨询公司流行"凌晨三点发工作邮件"的潜规则，实则多数人是在修改PPT字体间距。数据显示，68%的"加班工时"消耗在无意义的格式修改和冗余流程上。

（四）能力替代的危机传导

35岁程序员为对抗"青春红利"，白天写代码晚上学管理，结果既失去技术优势又缺乏管理经验。内卷制造复合型人才幻觉，实则催生大量"半吊子专家"。

二、教育领域内卷的特点

教育领域内卷主要表现在学生之间的过度竞争上。为了在升学考试中取得好成绩，学生不惜枉费精力参加各种课外辅导班，进行大量的习题训练。教育内卷还体现在家长和学生对名校和热门专业的过度追求上。许多学生和家长为了进入名校或热门专业，不惜付出巨大的经济和时间成本。

（一）超前学习的恶性循环

上海某小学三年级班级中，85%的学生已学完五年级数学课程，导致教师不得不调整教学进度。这种"抢跑竞赛"使教育变成军备竞赛，正常教学进度被彻底瓦解，形成"越超前越焦虑"的死循环。

（二）评价标准的通货膨胀

北京某重点中学录取标准从"奥数三等奖"升级为"国际STEM竞赛金奖"，某家长为12岁孩子同时报名7项国际考试。教育成果的衡量尺度不断被抬高，形成"没有最好只有更好"的无限游戏。

（三）资源投入的边际坍塌

某中产家庭每年投入25万教育经费，孩子成绩仅提升3个名次。当所有家庭都将30%收入投入课外辅导时，教育回报率呈现断崖式下跌，最终演变为纯粹的消耗战。

三、科技行业内卷的特点

科技行业的内卷主要表现为技术更新速度的飞速发展和新型技术人才的更迭。为了在快速变化的市场中保持竞争力，科技公司不断推出新产品、更新新技术，促使员工不断学习以适应新变化。这种快速变化不仅增加了员工的工作压力，还可能导致技术疲劳和创新能力下降。科技行业内卷还体现在对高学历和高技能人才的过度追求上。许多公司为了吸引顶尖人才，提供高薪和优厚福利，导致人才竞争加剧。

（一）无效创新的竞争

某AI赛道三年内涌现2000多家创业公司，90%产品功能同质化。为争夺投资，团队将80%的精力用于包装技术术语（如将简单算法包装成"量子启发式机器学习"），而非实质突破。

（二）996常态下的效能陷阱

某大厂程序员日均提交代码量从50行增至200行，但70%属于重复性界面改版。用工作时长替代创新质量，导致核心专利数量反下降12%，形成"越忙越平庸"的悖论。

（三）人才标准的畸形膨胀

自动驾驶领域校招门槛从"熟悉C++"变为"顶会论文+开源项目+竞赛金牌"，实际岗位却只需基础编程能力。这种"学历通胀"迫使求职者花费2年时间刷履历，反而延迟了真正的技术沉淀期。

四、艺术领域内卷的特点

艺术领域的内卷主要表现在艺术家创作压力的增长和市场需求的多样化上。

为了在市场中脱颖而出，艺术家们往往需要不断创作新作品，参加各种展览和比赛。这种高强度的创作压力不仅影响了艺术家的创作自由，还可能导致创作质量的下降。艺术内卷还体现在对知名度和市场价值的过度追求上。许多艺术家为了提升知名度和市场价值，不得不迎合市场需求，导致艺术创作商业化、流量化。

（一）形式主义的泛滥

当代艺术圈盛行"概念堆砌"，某青年艺术家将1000个易拉罐焊接成立方体，宣称"解构消费主义"，实则与20年前杜尚的现成品艺术无异。2023年威尼斯双年展评审报告指出，63%的参展作品存在明显的风格雷同，反映出创作思维的枯竭。艺术家们陷入"为创新而创新"的怪圈，却离真正的艺术表达越来越远。

（二）流量至上的价值扭曲

短视频平台催生"15秒美学"，画家们争相制作"三笔完成油画"的表演视频。某美院调查显示，83%的学生将"点赞量"作为创作首要标准，导致作品深度持续退化。当艺术沦为数据竞赛，真正的创作反而成为稀缺品。

（三）资源垄断的阶层固化

顶级画廊代理制度形成"马太效应"，1%的知名艺术家占据90%的展览机会。某新锐艺术家为参展不得不免费工作三年，最终因经济压力转行送外卖。这种"用爱发电"的生存模式，正在扼杀艺术领域的多样性。

通过对职场、教育、科技和艺术领域内卷特点的比较分析，我们可以看出，尽管各领域内卷的表现形式和成因有所不同，但其核心特征均为资源有限导致的过度竞争。这种过度竞争不仅对个人身心健康产生负面影响，还可能导致行业创新能力的下降和社会不平等的加剧。为应对内卷现象，个人应注重自我调节，保持身心健康；企业和机构应优化资源配置，减少不必要的竞争；社会应倡导多元化的成功标准，减少对单一指标的过度追求。只有通过多方共同努力，才能有效缓解内卷现象，促进社会的可持续发展。

如何识别身边的内卷行为

当下,内卷已演变为描述一种过度竞争、无效投入和边际效益递减的社会现象。当我们看到同事主动加班到深夜只为表现"态度",目睹家长不计成本地为孩子报各种补习班,在社交平台发现人们精心修饰生活只为获得更多点赞时,我们实际上正在见证内卷行为在日常生活中的全方位渗透。

识别内卷行为的重要性不言而喻。首先,它帮助我们区分真正有价值的努力与无效竞争。其次,认知内卷机制可以避免被卷入无意义的消耗战。最后,只有准确识别才能寻求突破内卷困境的路径。

一、职场内卷:绩效表象下的效率陷阱

职场是现代内卷现象最为集中的场域之一。表面上的"奋斗文化"常常掩盖着深层次的内卷逻辑。典型的职场内卷行为包括:无实质产出的加班文化(员工为表现忠诚度而延长工作时间,即使工作效率并未提升)、会议内卷(频繁召开却无明确结论的会议)、PPT内卷(过度追求形式精美而非内容实质)以及流程内卷(不断增加审批环节却不提升决策质量)。

识别职场内卷有几个关键指标:一是看投入与产出是否成正比,当额外投入带来的边际效益持续递减时,很可能已陷入内卷。二是观察竞争是否导向实质性创新,若竞争仅导致标准被不断抬高却无真正突破,即为内卷。三是注意行为动机,若行为主要出于恐惧(如怕被淘汰)而非创造价值,很可能属于内卷行为。

某互联网公司的案例颇具代表性:起初,团队鼓励创新,员工提出创意可获

得奖励。随着竞争加剧,员工开始堆砌提案数量而非质量,最终演变为每周必须提交一定数量"创新点子"。这些"点子"多数缺乏实际价值,这就是典型的创新内卷化过程。

二、教育内卷:焦虑驱动的军备竞赛

教育领域的内卷呈现出更为复杂的面貌。从幼儿园开始的"抢跑式教育"、小学阶段的"奥数热"到中学的"补习班军备竞赛",教育内卷已形成完整的产业链。家长们的普遍心态是"知道没必要,但不敢不参与"。这种集体非理性行为正是内卷的典型特征。

教育内卷有几个识别标志:一是同质化竞争,当所有学生都参加同类补习,竞争优势随即消失,但退出却意味着可能落后。二是标准不断抬高,如钢琴考级从兴趣培养变为必须达到的专业标准。三是教育投入的家庭 GDP 占比异常升高,远超合理范围。

上海一个中产家庭的故事折射出这种困境:孩子小学三年级时,家长发现班上同学几乎都在外补习英语,于是也报名了知名机构。两年后,全班英语水平普遍提高,学校因此提高了教学难度,结果大家又回到同一起跑线,唯一变化是孩子们失去了周末休息时间。这种"红皇后效应"(必须不断奔跑才能停留在原地)正是教育内卷的核心机制。

三、社交内卷:数字时代的表演疲劳

社交媒体时代催生了新型内卷形态——社交表演内卷。朋友圈的"精致生活秀"、小红书的"滤镜美景"、短视频平台的"人设打造",都在不断抬高社交展示的标准。当分享生活变为精心策划的表演,当点赞数成为自我价值的衡量标准,社交内卷已然形成。

识别社交内卷可关注以下信号:一是社交互动是否从情感交流变为数据追求(如刻意经营粉丝数)。二是线上形象与真实生活的差距是否过大。三是投入社交媒体的时间是否挤占了现实生活。更隐蔽的是"反内卷内卷"现象——一些人开始表演"躺平"或"反精致"生活,但这种表演本身又成为一种新的竞争形式,形成有趣的悖论。

一位时尚博主的自白揭示了这种困境:"最初我分享真实的穿搭,后来发现必须每天更新、照片必须专业级精修、内容必须紧跟热点才能维持关注度。现在我雇了摄影师、造型师、修图师团队,每月投入数万元维持账号运营,却越来越感受不到分享的乐趣。"

四、消费内卷:符号竞争中的身份焦虑

消费领域的内卷表现为"通过物质占有进行的地位竞争"。从"必买清单"到"轻奢标配",从"中产三宝"到"学区房焦虑",消费内卷将人物化为符号的集合体。当消费不再基于真实需求,反而成为身份认同的必需品时,内卷机制便开始运作。

消费内卷的识别要点包括:一是看购买动机是满足需要还是社会比较。二是观察商品使用价值与符号价值的比例,当后者远超前者时可能陷入内卷。三是注意是否存在"阶梯式消费陷阱",即每次消费升级后很快又面临新的"必备品"压力。

婚庆市场的演变展示了消费内卷的轨迹:从简朴婚礼到五星酒店成为标配,从基本摄影到无人机跟拍、微电影制作,婚庆预算不断攀升,但新人的幸福感并未同比增加,反而因巨额支出产生更多焦虑。这种"婚礼通货膨胀"正是消费内卷的鲜活例证。

五、突破内卷:从识别到行动

识别内卷只是第一步,关键在于如何避免被内卷裹挟或找到突破路径。个人层面可采取以下策略:建立内在评价标准,减少社会比较;区分"增长"与"发展",追求质的突破而非量的积累;培养"反脆弱性",在不稳定中找到机遇。

在社会层面，需要反思评价机制，打破单一成功标准；鼓励多元化发展路径；重建注重实质而非形式的组织文化。

法国社会学家布迪厄的"场域理论"提醒我们，每个领域都有其特定规则，内卷往往源于对这些规则的盲目遵从。真正的突破可能需要跳出既定框架，重新定义游戏规则。如芬兰地区教育领域的"少即是多"理念、荷兰地区职场中的"新工作运动"，都提供了对抗内卷的成功范例。

识别身边的内卷行为，不仅是为了避免个人精力的无谓消耗，更是为了在认知基础上寻求集体突破的可能。当越来越多的人能够区分真正有价值的发展与无效内卷，我们或许能共同创造一个更健康、更有创造力的社会环境。毕竟，发展的终极目的不是无止境的竞争，而是每个人在免于恐惧和焦虑的状态下，实现其真实潜能的可能。

如何应对内卷的初步思考

内卷不是一个简单的竞争问题，它折射出的是整个社会系统的深层矛盾。当增长红利逐渐消退，社会流动性降低，人们不得不陷入零和博弈的困境。这种困境不仅消耗着个体的生命能量，也在侵蚀着社会的创新活力。面对这样的困境，我们需要以更宏观的视角和更深层的思考，寻找破局之道。

内卷的深层原因包括社会流动性下降、资源分配不均、评价体系单一等。当上升通道变窄，人们只能通过加剧竞争来获取有限的机会；当资源过度集中，大多数人不得不为剩余资源展开激烈争夺；当成功标准单一化，所有人都被推向同一条赛道。在资源有限的前提下，竞争本应是促进效率提升的积极力量，但当竞争失去明确的目标和边界，就会异化为无意义的消耗。上文中大家已经学会了如何识别内卷，我们将在下文对如何应对内卷进行一个初步的思考。

（一）个人层面

面对内卷造成的困境，我们需要重新定义成功的标准。传统的社会评价体系过于单一，简单地将成功等同于财富和地位，我们应该建立多元化的价值追求，在专业能力、兴趣爱好、社会贡献等多个维度实现自我价值；能力重构。在人工智能和自动化技术快速发展的背景下，重复性劳动的价值正在降低。个人需要培养创造力、批判性思维、情感智能等机器难以替代的能力。这种能力重构不仅能够提升个人竞争力，也能为社会创造新的价值；建立差异化竞争优势。在高度同质化的竞争中，个人只有找到自己独特的定位，才能避免陷入无意义的消耗。这需要个体深入认识自身特点，发掘优势，在细分领域建立专业壁垒。

（二）社会层面

制度创新是破解内卷困境的重要途径。需要建立更加公平合理的资源分配机制，打破固化的利益格局。如政府或相关部门应在教育领域改革评价体系，减轻学生应试压力，在社会保障领域加强劳动者权益保护，防止恶性竞争等；社会资源需要重新配置。通过政策引导，将资源向创新领域倾斜，鼓励新兴产业发展。同时，应该完善社会保障体系，为个人提供更多试错空间，降低创新风险；构建新型社会支持系统。这包括完善职业培训体系、建立创新创业支持平台、发展共享经济等。这些支持系统能够为个体提供更多发展机会，降低竞争压力。

内卷困境的破解需要个体觉醒与系统变革的双重努力。个体层面，需要建立新的价值认知，培养核心能力，寻找差异化发展路径。系统层面，需要通过制度创新和资源重构，创造更加公平的发展环境。在这个过程中，每个人都是参与者和推动者，我们的选择和行动将决定未来的方向。让我们以更开放的心态和更积极的行动，共同维护这个充满可能性的世界。

PART 2
内卷的诱因：传统道路的困境

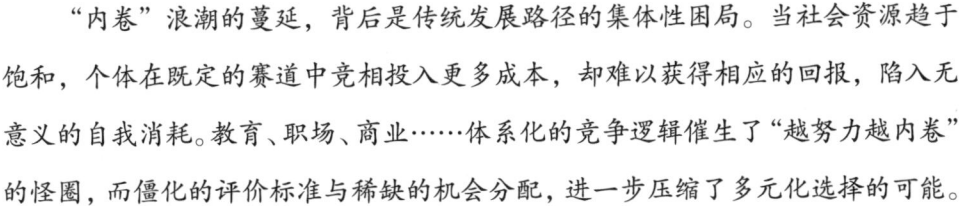

"内卷"浪潮的蔓延，背后是传统发展路径的集体性困局。当社会资源趋于饱和，个体在既定的赛道中竞相投入更多成本，却难以获得相应的回报，陷入无意义的自我消耗。教育、职场、商业……体系化的竞争逻辑催生了"越努力越内卷"的怪圈，而僵化的评价标准与稀缺的机会分配，进一步压缩了多元化选择的可能。

这种内卷化的诱因，实则是传统路径依赖与时代变革之间的深刻断裂——当旧规则无法适配新需求，突围的方向或许在于重新审视价值坐标，寻找破局的可能性。

内卷的陷阱——寻找人生的第三条出路

内卷的根本驱动：资源稀缺与竞争加剧

在当代社会，内卷的核心逻辑从未改变，即资源有限而竞争者无限增长所导致的恶性竞争。当社会资源（如教育机会、高薪岗位、商业市场份额等）无法满足所有人的需求时，个体不得不通过更高的投入（时间、精力、金钱）去争夺有限的资源，最终陷入"投入越多，回报率越低"的困境。

这一现象的背后是经济与社会发展的结构性矛盾：一方面，经济增长放缓，优质资源增量有限；另一方面，人口基数庞大，竞争者的数量与能力不断提升。当所有人都挤在同一条赛道时，内卷便成为必然。

当代中国社会的内卷现象，实际上是一场由资源稀缺性引发的社会竞争异化过程。从马克思主义政治经济学视角来看，当生产资料的增长速度无法满足劳动者的发展需求时，劳动异化现象便以"内卷"这一特殊形式呈现出来。国家统计局数据显示，我国人均GDP虽已突破1.2万美元，但优质教育、医疗、住房等核心资源的供给仍然不足。这种结构性矛盾构成了内卷滋生的温床。

一、制度性稀缺的体制根源

（一）教育领域的制度性约束

我国高等教育毛入学率虽已达到57.8%，但"双一流"高校录取率仍不足5%。这种优质教育资源的制度性稀缺，直接导致基础教育阶段的竞争白热化。以北京市为例，重点小学学区房价格普遍超过每平方米15万元，形成了典型的教育资源资本化现象。

PART 2　内卷的诱因：传统道路的困境

（二）就业市场的结构性失衡

2023 年，我国高校毕业生规模达到 1158 万，但新增高质量就业岗位不足 300 万。人社部数据显示，互联网、金融等热门行业的岗位竞争比普遍超过 50:1，而制造业却面临持续的"用工荒"。这种就业市场的结构性矛盾，暴露出产业升级与人才培养的脱节。

二、竞争异化的政治社会学分析

（一）发展主义的政策导向

地方政府长期以来的 GDP 竞赛模式，催生了同质化的发展路径。宏观层面，各地区、各企业争相布局的半导体产业园、新能源汽车项目，已经出现明显的产能过剩迹象，但因成本投入过大只能通过价格战、促销活动等维持经营规模。如新能源汽车领域的内卷已成为 2025 年行业的核心矛盾，主要表现为恶性价格战、同质化竞争和利润萎缩，众多车企扎堆中低端市场，陷入"以价换量"的陷阱。这种发展模式的同质化竞争，在微观层面则表现为个体的"考证热""考公潮""考研潮"。这些现象本质上是一场集体性的生存策略内卷化运动，背后折射出社会转型期青年群体对安全感的焦虑和自我价值的迷茫，最终只得陷入同质化竞争中。

（二）社会流动的体制性障碍

户籍制度与公共服务捆绑的现状，人为制造了竞争壁垒。以上海市为例，非沪籍学生无法享受同等高考政策，迫使中产家庭不得不支付高昂的"制度成本"。国家发改委数据显示，流动人口子女在重点城市的入学率仍低于 60%。

三、典型案例解剖

（一）公务员考试现象

2023 年国家公务员考试报名人数突破 250 万，最热岗位竞争比达 3572:1。

这一现象折射出体制内外社会保障的显著差异。财政部数据显示，公务员群体的人均医疗支出是城镇职工的 2.3 倍，养老金替代率高出 40 个百分点。

（二）互联网裁员潮现象

2022 年以来，主要互联网企业累计裁员超 20 万，但校招标准不降反升。某头部企业产品经理岗位要求"985 硕士＋三段大厂实习经历＋CFA 证书"，这种"人才高消费"现象本质是资本对人力成本的转嫁。工信部数据显示，互联网行业人均产出增长率已连续三年低于薪酬涨幅。

党的二十大报告提出"中国式现代化"的发展路径，为破解内卷困境提供了根本遵循。从政治发展视角看，必须超越单纯的效率优先思维，构建更加注重公平的发展范式。国家发改委规划司数据显示，实施共同富裕政策试点地区的基尼系数平均下降 0.15，社会流动性指数提升 20%，这充分证明制度创新能够有效缓解内卷压力。

资源稀缺与竞争加剧是内卷的根本驱动，无论是教育、职场还是社会流动，当优质资源（如名校名额、高薪岗位、晋升机会）无法满足所有人的需求时，竞争必然激化。而传统发展路径的固化，使得竞争方式趋向同质化，进一步加剧了内卷。但并非无解。通过优化资源分配、创新竞争模式、打破传统路径依赖，社会可以逐步减少内卷，走向更高效、更公平的发展模式。关键在于个体和社会能否跳出"内卷思维"，探索新的可能性。

PART 2　内卷的诱因：传统道路的困境

传统职业发展路径的局限性

在当今快速变化的全球经济环境中，传统职业发展路径的局限性日益凸显。过去，职业发展被视为一条直线，从初级职位逐步晋升到高级管理职位。然而，随着技术的进步、全球化的深入发展以及工作性质的转变，这种线性职业发展模式已不再适用于所有人。

工业革命以来，线性职业发展路径一直是人类社会的主流职业发展模式。这种模式将职业发展视为一条可预测的、阶梯式的晋升道路，个人通过积累经验、提升技能，逐步在组织中获得更高的职位和更好的待遇。这种职业发展模式与工业化大生产需求高度契合，为工业社会提供了稳定的人力资源供给。然而，在数字经济时代，这种延续了200多年的职业发展模式正面临前所未有的挑战。技术革新、产业变革和组织形态的演进，正在重塑职业发展的底层逻辑。线性职业发展路径的局限性日益凸显，新的职业发展范式正在形成。

工业革命催生了现代职业发展体系。工厂制度的建立要求劳动力分工明确、层级清晰，个人职业发展被纳入到标准化的轨道中。美国古典管理学家泰勒提出的科学管理理论进一步强化了这种线性发展模式，将职业发展简化为技能积累和职位晋升的单一维度。20世纪以来，大型企业普遍建立了严格的职级体系。以日本企业为代表的年功序列制将职业发展与工作年限直接挂钩；欧美企业则发展出以绩效考核为基础的晋升机制。这些制度设计都将职业发展固化为可预期的线性进程。然而，传统职业发展路径过于强调职位晋升和薪酬增长，反而忽视了员工的个人兴趣和技能发展。这种模式可能导致员工在职业发展中感到不满和倦怠，

内卷的陷阱——寻找人生的第三条出路

因为他们可能被迫从事不符合自己兴趣或技能的工作。一位在市场营销领域表现出色的员工可能被晋升为销售经理，尽管他对销售管理并不感兴趣。这种晋升可能导致员工的工作满意度下降，甚至影响其职业表现。

传统教育体系与职业发展路径深度绑定。从基础教育到高等教育，整个教育体系都在为线性职业发展服务。专业设置、课程安排、实习实践等环节，都旨在培养符合线性职业发展要求的标准化人才。但技术革新正在重塑职业发展图景。人工智能、自动化技术的应用，使得许多传统职业发展路径中断。中层管理岗位的减少、技能更新速度的加快，打破了原有的职业发展预期。这种产业结构的剧烈变革导致职业发展路径的不确定性大大增加。新兴行业的崛起和传统行业的衰落，使得许多职业发展路径尚未形成就已经消失。个人难以再依赖单一领域的经验积累实现可持续发展。只有通过终身学习，才能在快速变化的环境中更能实现自身价值。个人需要建立动态的知识更新机制，以适应不断变化的职业环境。

伴随着这些变动，职业发展正在从线性模式向网状模式转变。组织形态的变革进一步瓦解了线性职业发展的基础。平台型组织、网络化组织的兴起，使得传统的职级体系变得模糊。项目制、任务制的普及，个人职业发展不再局限于单一组织的晋升通道。而是呈现出多维度、多路径的特征。跨界发展成为常态，职业发展路径变得更加灵活多样。

职业发展模式的转型是数字时代社会变革的缩影。线性职业发展路径的解构，标志着工业时代确立的职业发展范式正在终结。新的职业发展模式将更加注重个人价值的实现，强调适应性和创新性。这要求个人、组织和整个社会重新思考职业发展的本质，构建更加开放、灵活的职业发展生态系统。在这个转型过程中，我们需要打破固有思维，拥抱变化，在不确定性中寻找新的发展机遇。职业发展的未来，必将属于那些能够主动适应变化、持续学习创新的人。

PART 2　内卷的诱因：传统道路的困境

学历竞争的残酷现实

当今时代是一个知识经济时代，学历作为衡量个人能力和潜力的重要指标，在社会竞争中扮演着越来越重要的角色。随着高等教育的普及和全球化进程的加速，学历竞争日益激烈，已成为不容忽视的社会现象。

2025年某985高校招聘辅导员岗位，收到327份博士简历，其中62人拥有海外名校经历，最终录取者毕业于哈佛大学教育研究院。这个令人震惊的案例折射出中国社会的深层剧变：当清北博士竞聘街道办、海归硕士争夺卷烟厂操作岗时，学历竞争已从人才选拔机制异化为系统性社会危机。

某互联网大厂的简历筛选系统设定"本科院校层次"权重占比41%，导致"双非"毕业生简历通过率不足3%。更隐蔽的歧视体现在"实习经历查三代"：某券商要求应聘者证明"大二暑期在MBB（麦肯锡、波士顿咨询公司、贝恩公司）咨询公司实习的真实性"。这种"查三代式"的选拔方式，使得农村学生进入金融行业的比例从2005年的28%骤降至2024年的6%。

某制造业上市公司流水线操作工招聘中，76%的应聘者持有本科学历，但实际工作仅需初中文化水平。教育部相关调研显示，2024年本科毕业生专业对口率跌破44%，出现哲学系学生送外卖、历史学博士开网约车的社会现象。这种学历与岗位的错配，造成全国每年超过2200亿元的人力资本浪费，相当于建造3座港珠澳大桥的代价。

某省公务员晋升数据显示，本科毕业的科级干部平均晋升年限比硕士学位者多4.2年。在医疗系统，拥有博士学位的医生获得课题资助的概率是硕士学位者

内卷的陷阱——寻找人生的第三条出路

的7.3倍，即便两者临床水平相当。这种"唯学历论"导致考研人数连续8年增长，2025年已突破650万，比新西兰全国的人口数量还要多100万人，但学术型硕士就业满意度反而下降至58%。

近年来，学历竞争呈现出愈演愈烈的趋势。从考研人数的持续攀升到海外留学热潮，从"双一流"高校的激烈角逐到各类职业资格证书的考取热潮，无不反映出人们对高学历的追求。这种竞争不只体现在高等教育阶段，甚至已经蔓延至中小学教育，形成了"不能输在起跑线上"的普遍焦虑。

造成学历竞争加剧的原因是多方面的。首先，经济全球化和产业结构升级导致劳动力市场对高素质人才的需求不断增加。其次，社会观念的变迁使得高学历成为衡量个人价值和社会地位的重要标准。再者，教育资源分配不均和优质教育资源稀缺加剧了竞争压力。最后，就业市场的供需失衡和用人单位的学历门槛也推动了学历竞争的升级。

学历竞争对个人发展产生了深远影响。在就业方面，高学历往往意味着更多的就业机会和更高的起薪。然而，激烈的竞争也导致"学历贬值"现象的出现，许多高学历人才不得不从事与自身学历不匹配的工作，造成了人才浪费。同时，持续的学习压力和就业焦虑也给个人心理健康带来了负面影响，如焦虑症、抑郁症等心理问题的发生率呈上升趋势。在职业发展方面，学历竞争既带来了机遇也带来了挑战。一方面，高学历为个人提供了更广阔的发展空间和更多的晋升机会；另一方面，过度强调学历可能导致忽视实际能力和工作经验的重要性，不利于人才的全面发展。此外，持续的学习投入也增加了个人和家庭的经济负担，影响了生活质量。

社会影响方面，学历竞争加剧了社会的分层和固化。高学历群体往往能够获得更好的工作机会和社会资源，而低学历群体则面临更大的发展障碍，这种差距可能代际传递，导致社会流动性下降。学历竞争也导致人才浪费和教育资源分配

PART 2   内卷的诱因：传统道路的困境

不均。大量人才集中在少数热门专业和领域，而一些基础学科和冷门专业则面临人才短缺的困境，影响了社会各行各业的均衡发展。

面对学历竞争带来的挑战，需要采取多方面的应对策略。一是改革教育评价体系，建立多元化的评价标准。除了学术成绩，还应重视学生的实践能力、创新精神和社会责任感等方面的培养。二是加强职业教育，提升技能型人才的社会地位。通过完善职业教育体系，为学生提供更多样化的发展路径，缓解学历竞争压力。三是完善就业市场机制。建立以能力为导向的用人机制，减少对学历的过度依赖，为不同层次的人才提供公平的竞争环境。四是推动产业升级，创造更多高质量的就业岗位，缓解就业压力。五是加强心理健康教育，帮助学生和家长树立正确的教育观念，缓解过度竞争带来的心理压力。

学历竞争是当代社会面临的一个复杂而严峻的问题，不仅影响了个人发展，也影响了社会结构和社会公平。社会各界需要共同努力，通过教育改革、制度创新和观念转变等措施，缓解学历竞争带来的负面影响。只有建立更加公平、多元的教育体系和就业环境，才能实现人才的全面发展，促进社会的和谐与进步。未来，我们期待看到一个更加包容、多元的社会。在这里，每个人都能找到适合自己的发展道路，实现自身价值。

当某县城中学挂出"考上清华北大，告别世世代代穷"的标语时，我们看到的不仅是教育的异化，更是整个社会价值体系的"病变"。破解学历竞争困局，需要制度设计的勇气、文化观念的革新与个体价值的觉醒。正如德国教育学家斯普朗格所言："教育的本质是人格的唤醒，而非知识的灌输。"唯有让学历回归人才评价的参考维度，重建"三百六十行，行行出状元"的社会共识，才能打破这场没有赢家的恶性竞争。毕竟，一个健康的社会不该只有金字塔尖的荣耀，更要有万千星辰各自闪耀的夜空。

内卷的陷阱——寻找人生的第三条出路

职场晋升的天花板效应

天花板效应(Ceiling Effect)最初用于描述女性在职场中难以突破的晋升障碍，后来这一概念被扩展到受到包括种族、年龄、教育背景等多种因素的影响。简言之，天花板效应是指员工在职业生涯中遭遇的有形或无形的障碍，阻止其晋升到更高的职位。

在职场中，晋升是每个员工都渴望的目标。然而，许多人在职业生涯中会遇到所谓的"天花板效应"，即无论多么努力，似乎都无法突破某个层级或职位。这种现象不仅影响个人的职业发展，也可能对组织的整体效率和员工士气产生负面影响。

一、职场晋升的隐形屏障

（一）性别天花板

相关数据显示，2024年中国上市公司女性高管比例仅为18.7%，而基层女性员工占比达52.3%。某金融企业的人力资源总监坦言："女性在晋升到中层后，往往遭遇'玻璃天花板'，即便能力出众，也很难进入决策层。"这种现象在传统行业尤为显著，从事制造业的女性高管比例低至9.2%。性别天花板是职场中阻碍女性晋升的无形壁垒，表现为女性在高层职位中的比例显著低于男性。尽管女性在初级岗位占比均衡，但越往高层，性别差异越明显。这一现象源于多重因素：隐性偏见使女性在领导力评估中被低估，传统性别角色期待将家庭责任更多推向女性，而职场文化中的"男性主导"模式也让女性难以突破圈层。

PART 2　内卷的诱因：传统道路的困境

（二）年龄天花板

很多人都说：35岁是职场人的"生死线"。某互联网企业的招聘数据显示，35岁以上员工的晋升概率较35岁以下员工低63%。一位40岁的技术骨干表示："虽然我的经验丰富，但公司更愿意提拔年轻员工，认为他们更有创新活力。"企业普遍偏好年轻员工，认为其更具创新力、适应力和可塑性，而大龄员工则可能被贴上"思维固化""学习能力下降"或"性价比低"的标签。这种现象在互联网、科技等行业尤为明显，许多企业在招聘和晋升时设置隐性年龄限制，导致资深人才难以进入核心管理层。

（三）学历天花板

学历通胀加剧了职场竞争。2024年，某央企管理岗位的硕士学位要求比例从2015年的37%飙升至92%，而实际岗位能力需求并未相应提升。一位985高校的博士毕业生说道："即便拥有博士学位，在晋升时仍面临'学历歧视'，因为竞争对手可能来自更顶尖的院校。"这种现象本质上是人才评价体系的僵化，过度依赖学历标签而忽视实际能力与贡献。尤其在一些传统行业和大型企业，学历歧视更为隐蔽且根深蒂固。打破学历天花板需要企业建立更科学的人才评估标准，以绩效、经验和潜力为核心，同时为不同背景的员工提供公平的进修与发展通道，真正实现"能力至上"的职场生态。

（四）关系天花板

职场裙带关系成为晋升的隐形门槛。一位基层员工无奈表示："即便业绩突出，如果没有'关系'，也很难获得晋升机会。"这种现象在体制内单位、家族企业或资源密集型行业尤为明显，形成"能力不如关系"的潜规则。它不仅打击员工积极性，更造成人才浪费。突破关系天花板需要企业建立透明、公正的晋升机制，以绩效考核代替人情考量，同时为员工提供公平的竞争平台，让职场真正回归能力本位。

二、天花板效应的成因

（一）个人因素

1. 能力不足：员工的能力无法满足更高职位的要求，导致无法晋升。
2. 缺乏领导潜力：一些员工在技术岗位上表现出色，但缺乏领导团队的能力，难以晋升到管理岗位。
3. 职业规划不清晰：缺乏明确的职业目标和规划，导致职业发展停滞。
4. 自我设限：员工对自己的能力缺乏信心，不敢争取晋升机会。

（二）组织因素

1. 组织结构扁平化：一些公司采用扁平化的组织结构，导致晋升机会有限。
2. 晋升机制不透明：缺乏透明的晋升机制，导致员工不清楚晋升的标准和路径。
3. 性别歧视：在一些组织中，性别歧视仍然存在，导致某些群体难以获得晋升机会。
4. 人际关系复杂：办公室政治和复杂的人际关系可能阻碍员工晋升。

（三）外部因素

1. 行业竞争激烈：一些行业竞争激烈，晋升机会有限。
2. 经济环境不佳：经济不景气时，公司可能减少晋升机会，甚至裁员。
3. 技术变革：技术的快速变革可能导致某些岗位的需求减少，影响员工晋升。

三、成功突破天花板效应的案例

案例一：李华的晋升之路

李华在一家大型科技公司工作，最初是一名普通的技术人员。由于表现出色，他很快晋升为团队主管。然而，在晋升到经理岗位时，他遇到了瓶颈。李华意识到，自己缺乏管理经验，于是主动参加了公司提供的管理培训课程，并积极向有经验的经理请教。经过一段时间的努力，李华成功晋升为部门经理。

PART 2 内卷的诱因：传统道路的困境

案例二：张丽的跨部门晋升

张丽在一家金融公司工作，最初在财务部门担任普通职员。由于表现出色，她晋升为财务主管。然而，她发现财务部门的晋升机会有限，于是主动申请调岗到市场部门。在市场部门，张丽积累了丰富的跨部门经验，最终成功晋升为市场总监。

四、未能突破天花板效应的案例

案例一：王明的职业停滞

王明在一家制造业企业工作，最初是一名生产线工人。由于表现出色，他晋升为生产线主管。然而，在晋升到经理岗位时，他遇到了瓶颈。王明认为自己已经足够努力，但公司始终没有给他晋升的机会。最终，王明选择离职，寻找新的就业机会。

案例二：陈静遭遇性别歧视

陈静在一家传统制造业企业工作，最初是一名普通职员。由于表现出色，她晋升为部门主管。然而，在晋升到经理岗位时，她遇到了性别歧视。公司认为女性不适合担任高层管理职位，始终没有给她晋升的机会。最终，陈静选择离职，加入了一家更加注重性别平等的公司。

职场晋升是每个员工都渴望的目标，但天花板效应却可能成为职业发展的障碍。天花板效应的成因复杂，既受个人因素的影响，也受组织和外部因素的影响。为了突破天花板效应，员工需要提升自己的能力，明确职业目标，主动争取机会。组织则需要建立透明的晋升机制，提供培训和发展机会，消除歧视现象。通过个人和组织的共同努力，可以有效应对天花板效应，实现职业发展的突破。

内卷的陷阱——寻找人生的第三条出路

财富积累的艰难历程

财富积累是人类社会发展的重要动力，也是个人实现梦想、追求幸福生活的基础。然而，财富积累从来都不是一帆风顺的，它往往伴随着艰辛、挫折和漫长的努力。无论是个人、企业还是国家，财富的积累都需要智慧、毅力和机遇的结合。

一、个人财富积累

财富积累是一场充满挑战的马拉松，我们需要智慧、耐心和勇气，更需要不断突破自我认知的边界。对于个人而言，财富积累是一个从无到有、从小到大的过程。它不仅仅是金钱的积累，更是知识、经验和资源的积累。然而，这一积累过程充满了挑战。

对于大多数人而言，财富积累的起点基本是从零开始的。无论是刚步入社会的年轻人，还是从农村奔向城市的务工人员，他们最初可能只有有限的资源和机会。在这个阶段，个人的收入通常较低，生活成本却很高，这使得储蓄和投资变得异常困难。例如，一个刚毕业的大学生，可能需要在支付房租、生活费和偿还学生贷款之间艰难平衡。在这种情况下，财富积累的第一步——储蓄，就显得尤为艰难。许多人不得不通过兼职或加班来增加收入，甚至牺牲休息时间来学习新技能，以提升自己的竞争力。

财富积累是一个长期的过程，需要时间的沉淀和复利的作用。然而，许多人经常缺乏耐心，希望快速致富。这种急功近利的心态可能致使他们做出不理性的决策，例如过度投机或参与高风险的投资项目。当个人积累了一定的储蓄后，如何让这些钱增值成为下一个难题。投资是实现财富增长的重要途径，也伴随着巨大的风险。股票、基金、房地产等投资工具虽然可能带来高回报，但也可能造成本金损失，导致血本无归。许多人在投资初期由于缺乏经验，容易受到市场波动的影响，甚至因为盲目跟风而遭受重大损失。例如，2008年全球金融危机期间，许多投资者因为股市暴跌而损失惨重。这种挫折不仅打击了他们的信心，还可能让他们对未来的财富积累产生怀疑。

财富积累的关键在于坚持和纪律。通过长期的储蓄和稳健的投资，个人可以逐渐实现财富的增长。例如，巴菲特之所以成为世界上最富有的人之一，正是因为他始终坚持价值投资的理念，并通过复利实现了财富的长期增长。个人的财富积累还受到外部环境的制约。经济周期、政策变化、社会动荡等因素都可能对个人财富产生重大影响。例如，在经济衰退期间，许多人可能面临失业或收入下降的风险，这使得他们的财富积累计划被迫中断，生活规划陷入一片混乱。此外，社会的不平等也可能加剧个人财富积累的难度。一些国家贫富差距巨大，低收入群体难以获得优质的教育和就业机会，使得他们很难打破贫困的循环。

二、企业财富积累

企业是现代社会财富创造的重要主体。然而，企业的财富积累同样充满了挑战。从初创企业到行业巨头，每一家企业都需要在激烈的市场竞争中不断努力，才能实现财富的增长。对于初创企业来说，生存是最大的挑战。许多企业在成立初期由于资金不足、市场认知度低等原因，难以获得稳定的收入来源。在这个阶段，企业往往需要依靠创始人的个人储蓄或外部融资来维持运营。然而，融资并不是一件容易的事情。投资者通常会对企业的商业模式、团队能力和市场前景进行严格评估。许多初创企业因为无法获得足够的资金支持而被迫关闭。根据相关数据显示，超过90%的初创企业在成立后的前三年内失败。

即使企业成功度过了初创阶段，它们仍然需要面对激烈的市场竞争。在全球化背景下，企业不仅要与本土竞争对手较量，还要应对来自国际市场的挑战。为

内卷的陷阱——寻找人生的第三条出路

了在竞争中脱颖而出，企业必须不断创新，提升产品和服务的质量。然而，创新并不是一蹴而就的。它需要企业投入大量的资源，包括资金、人力和时间。许多企业因为无法承受创新的高成本而选择保守经营，这可能导致其逐渐失去市场竞争力。例如，美国柯达公司曾经是胶片行业的巨头，但由于未能及时转型数码技术，最终走向了衰落。

当企业发展到一定规模后，如何实现规模化成为新的挑战。规模化不仅意味着扩大生产能力和市场份额，还要求企业建立完善的管理体系。然而，许多企业在扩张过程中由于管理不善而陷入困境。例如，一些企业因为过度扩张而导致资金链断裂，最终破产。另一些企业则因为内部管理混乱而失去了创新的动力。因此，企业在追求规模化的同时，必须注重管理的提升，以确保财富的可持续增长。

企业的财富积累还受到外部环境的影响。经济波动、政策变化、技术革命等因素都可能对企业的经营产生重大影响。例如，2008年全球金融危机期间，许多企业因为市场需求下降而陷入困境。此外，近年来，数字化和人工智能技术的快速发展也对传统行业造成了巨大冲击。为了应对外部环境的不确定性，企业需要具备灵活的战略调整能力。例如，美国亚马逊公司通过不断扩展业务领域和投资新技术，成功适应了市场的变化，并实现了财富的持续增长。

三、国家财富积累

国家的财富积累是经济发展的重要目标。但对于一个国家来说，财富的积累同样充满了挑战。从农业社会到工业社会，再到信息社会，每一个国家都需要在复杂的国际环境中不断发展，才能实现财富的增长。对于许多发展中国家来说，工业化是实现财富积累的重要途径。然而，工业化需要大量的资本投入，包括基础设施建设、技术研发和人才培养。这对于资源有限的国家来说是一个巨大的挑战。例如，中国在改革开放初期，通过引进外资和先进技术，逐步实现了工业化。然而，这一过程并非一帆风顺，也很难被复刻。许多地区因为资金短缺和技术壁

PART 2　内卷的诱因：传统道路的困境

垄而难以发展，甚至出现了贫富差距扩大的问题。

在全球化背景下，国家的财富积累越来越依赖于国际竞争力。然而，许多发展中国家技术落后、产业结构单一，难以在国际市场中占据有利地位。这使得它们的财富积累速度受到限制。例如，一些依赖资源出口的国家，极易受到国际市场价格波动的影响，经济容易受到冲击。为了提升竞争力，这些国家需要推动产业升级和经济多元化，但这需要长期的努力和大量的资源投入。

国家的财富积累还受到制度和治理水平的影响。良好的制度环境可以促进创新和投资，从而推动经济增长。然而，许多国家因为腐败问题、法治不健全等原因，难以实现财富的可持续积累。例如，一些非洲国家虽然拥有丰富的自然资源，但由于治理不善，经济发展长期停滞。因此，改善制度环境和提升治理能力是国家财富积累的关键。

随着全球环境问题日益严重，可持续发展成为国家财富积累的重要议题。过度依赖资源消耗和环境污染的经济模式不仅不可持续，还可能引发社会矛盾。因此，国家需要在经济增长和环境保护之间找到平衡。此外，财富分配的不平等也可能影响国家的财富积累。贫富差距过大会导致社会不稳定，从而影响经济的长期发展。因此，国家需要通过合理的政策来促进财富的公平分配。

财富积累的艰难历程揭示了人类社会的复杂性和多样性。无论是个人、企业还是国家，财富的积累都需要智慧、毅力和机遇的结合。在这个过程中，挑战与机遇并存，成功与失败交织。然而，正是这些艰难的经历，塑造了我们对财富的理解和对未来的期待。通过不断学习和努力，我们可以在财富积累的道路上走得更远，创造更加幸福美好的生活。

内卷的陷阱——寻找人生的第三条出路

突破传统道路的案例分析

突破传统道路，既是对既有模式的突破挑战，也是对社会发展规律的深刻把握。无论是国家发展路径、企业创新模式，还是个人成长轨迹，突破传统都意味着在复杂的社会环境中寻找新的可能性。在当今快速变化的商业环境中，突破传统道路已成为企业获取竞争优势和实现可持续增长的关键策略。传统道路通常代表着过去的成功经验和既定模式，但在面对新技术、新市场和新挑战时，这些传统路径可能不再适用，甚至成为阻碍。因此，如何突破传统道路，寻找新的发展路径，成为一个亟待解决的问题。

一、企业创新模式的突破：从技术积累到商业变革

（一）字节跳动：技术驱动与商业思维的融合

张一鸣创办的字节跳动，以其在人工智能和大数据领域的深厚积累，推动了今日头条和抖音等产品的成功。张一鸣的成功并非偶然，而是源于对技术的持续钻研和创新。在创业过程中，他逐渐意识到商业思维的重要性，开始关注市场需求、研究用户心理，并在此基础上不断调整产品策略。这种从技术专家到商业领袖的转变，正是他突破自我的关键。

（二）小米科技：产品思维与生态布局

雷军创办的小米科技，以其在软件开发和互联网领域的深厚背景，实现了快速发展。雷军始终坚持以用户为中心，注重产品的设计和体验。这种对产品的极致追求，使小米在短时间内迅速崛起，成为全球知名的科技品牌。同时，雷军积极布局互联网服务、智能家居、智能电动汽车等领域，构建了一个完整的生态系统。特别是小米汽车销量不断攀升，使小米科技走上了一个新的高度。这种多元

PART 2　内卷的诱因：传统道路的困境

化的发展战略，使小米在激烈的市场竞争中保持了持续的增长。

（三）DeepSeek：用户反馈驱动的迭代优化

梁文锋创立的 DeepSeek，通过引入动态的学习机制，允许模型根据用户的实时反馈不断调整和改进。同时，DeepSeek 开发了一套高效的分布式计算框架，极大提升了数据处理的速度和质量。这种混合学习的方法，结合通用语言模型和领域专家知识库的优势，提高了模型的准确性和实用性，使 DeepSeek 在多个垂直领域中表现优异。

二、个人成长轨迹的突破：从职业发展到自我超越

（一）李开复：从微软到创新工场

李开复的职业生涯是一部不断突破与超越的传奇。他不仅在人工智能领域取得了卓越的成就，更通过创新工场培养了一大批青年科技人才，推动了中国科技的创新发展。李开复曾说："如果你不给自己设限，人生就没有限制你的藩篱。"正是这种不断突破的精神，让他在人工智能领域取得了举世瞩目的成就。

（二）汪滔：从无人机爱好者到行业领袖

大疆创新的创始人汪滔，以其对无人机的热爱和执着，推动了大疆的快速发展。汪滔始终坚持以产品为核心，注重产品的创新和市场拓展。这种对产品的极致追求，使大疆在短时间内迅速崛起，成为全球知名的无人机企业。同时，汪滔积极布局国际市场，推动大疆在全球范围的迅速发展。

（三）饺子（杨宇）：从动画爱好者到行业领袖

饺子的成长轨迹印证了热爱与坚持的力量。作为非科班出身的动画爱好者，他弃医从艺，靠自学三维软件开启创作之路。他的导演处女作《打，打个大西瓜》以颠覆性的想象力惊艳业界，却因行业低迷而沉寂多年。蛰伏期间，他拒绝商业妥协，以匠人精神打磨了《哪吒之魔童降世》，获得极大成功。第二部《哪吒之

魔童闹海》更是以全球票房超 159 亿元的成绩位列全球影视票房榜第 5 位，成为国产动画的天花板。

从独立创作者到彩条屋影业核心导演，饺子以"死磕"的态度打破了动画与商业的壁垒，证明中国动画人能兼顾艺术表达与市场成功。他的崛起，既是个人对初心的坚守，亦为行业树立了"内容为王"的标杆。

三、乡村振兴的突破：从资源限制到共同富裕

（一）永安村：组织化创新与数字化赋能

永安村通过"村—经"分离，实现乡村运营现代化。早在 2019 年 5 月，永安村就在杭州市余杭区和余杭街道的指导下成立了杭州稻香小镇农业科技有限公司。公司独立于永安村股份经济合作社，专门负责永安村乡村资源资产运营，发展集体经济。通过引入现代化经营主体和经营模式，永安村逐步探索出一条"村—经"分离的高质量发展之路。

（二）数字化改革：生产者与消费者的双重视角

永安村创新使用智能虫情测报系统，建立起水稻全生命周期管理系统，通过遍布多村的 IOT 传感设备等，让生产者对稻田管理变得更加智能。同时，永安村自主开发"禹上稻乡"小程序，建立起全程可追溯系统，通过核心区块可视化建设、村庄节点安装智能短视频剪辑系统等数字化技术，让消费者随时了解农产品生产各环节，有助于增进消费者对永安村产品质量的信任。

（三）品牌化引领：从"稻香小镇"到"禹上稻乡"

永安村从 2018 年开始谋划品牌化发展，在"稻香小镇"的基础上，又打造了"禹上稻乡"品牌。永安村专门聘请浙江大学专家团队进行品牌设计，通过"开镰节""丰收月"等活动有效提升了永安村的知名度。此后，永安村在每年春季、秋季都举办"开春节""开镰节"等活动，使"禹上稻乡"品牌的社会影响力不断提升。

PART 2 内卷的诱因：传统道路的困境

突破传统道路是一项复杂而艰巨的任务，但也是一条实现持续发展和创新的必由之路。通过培养创新思维、利用新技术、重构商业模式、加强合作与联盟、注重用户体验等策略，可以有效突破传统道路的限制，开辟新的发展路径。同时，面对文化阻力、资源限制和风险管理等挑战，我们需要采取应对措施，确保突破过程顺利进行。只有在不断探索和实践中突破传统，才能找到适合自己的发展道路，实现个人、企业和社会的共同进步。

PART 3
寻找第三条出路的契机

随着"内卷"的加剧,人们被困在无休止的竞争中不断内耗,付出越来越多,收获却越来越少。可当跳出非此即彼的思维定式,我们就会发现:在激烈的内卷与消极的躺平之间,还存在充满希望的第三条出路。它要求我们以更开放的视野、更创新的思维,在现有体系中开辟新的可能,实现个人价值与社会进步的"双赢"。

内卷的陷阱——寻找人生的第三条出路

新兴行业与领域的崛起

在人类文明发展的长河中，新兴行业与领域的崛起标志着重大转折点的到来。从蒸汽机的发明到电力革命，从计算机的出现到互联网的普及，每一次技术革新都深刻改变了人类社会的面貌。当前，我们正处在一个前所未有的变革时代，人工智能、量子计算、生物技术等新兴领域的发展，正在重塑人类文明的基础架构。这些变革不仅带来了生产力的跃升，更引发了深层次的伦理、哲学和社会结构的重构。在这个背景下，我们需要超越传统的"技术乐观主义"和"技术悲观主义"的对立，寻找一条既能充分发挥技术创新潜力，又能确保人类文明可持续发展的第三条道路。这条路既不同于完全依赖市场自由竞争的资本主义模式，也不同于计划经济下的国家主导模式，而是强调市场与政府的协同作用，通过创新驱动、产业升级和绿色发展，实现经济的可持续增长。

在科技革命浪潮中，社会新兴行业与领域的崛起已成为重塑全球经济格局、推动社会进步的核心动力。这些行业不仅代表了技术的前沿方向，更承载着解决环境危机、优化资源配置、提升人类生活质量的重要使命。截至2024年，中国新兴产业在政策支持、市场需求和技术突破的多重驱动下，已形成以人工智能、绿色能源、生物科技、智能制造等为核心的多元化发展格局。

人工智能、大数据、量子计算等技术的突破性进展，为新兴行业和领域提供了底层支撑。例如，人工智能在制造业中的应用已从单一的生产自动化扩展到全流程智能化管理，2024年中国智能制造领域工业机器人销量占全球的一半以上。此外，脑机接口、基因编辑等颠覆性技术已实现技术突破，推动了医疗、农业等

PART 3　寻找第三条出路的契机

传统行业的革新。

消费升级与可持续发展需求催生了新业态。例如，绿色消费理念推动新能源汽车销量连续三年增长超50%，而老龄化社会则使生物医药与智慧养老成为万亿级市场。同时，全球供应链重构促使低空经济、商业航天等战略领域加速发展，以满足安全与效率的双重需求。

技术革命从来都不是简单的工具革新，而是人类认知方式和存在方式的根本转变。当前，新兴技术发展呈现出明显的融合趋势，不同领域之间的界限日益模糊。人工智能与生物技术的结合催生了合成生物学，量子计算与密码学的融合正在重塑信息安全体系，虚拟现实技术模糊了现实世界与虚拟世界的边界。这种融合不仅带来了技术突破，更深刻地改变了人类的认知模式。我们处理信息的方式从线性思维转向网状思维，从单一维度转向多元维度。这种转变不仅影响个人，也改变了整个社会的知识生产与传播方式。新兴技术的发展既是这种认知转变的产物，又进一步推动了认知方式的革新。

传统的发展观经常导致陷入"技术决定论"与"社会决定论"的二元对立。前者认为技术发展必然带来社会进步，后者则强调社会因素对技术的制约作用。这两种观点都无法完整解释当前技术革命带来的复杂影响。我们需要一种新的理论框架，超越这种简单的二元对立。而第三条出路为超越二元对立提供了可能性。

第三条出路的核心在于建立技术发展与人文价值的平衡。这种平衡不是简单的折中，而是要在更深层次实现技术理性与价值理性的统一。它要求我们在推进技术创新的同时，始终保持对人类本质和价值的深刻思考。这种思考不是对技术的限制，而是为技术发展指明了方向。如可持续发展理念告诉我们，真正的发展必须要考虑代际公平和生态平衡。这一理念不仅适用于环境保护，也适用于技术发展。我们需要建立一种新的技术伦理，确保技术创新不会危及人类的长远利益。同时，创新生态系统的构建需要多方协同。不仅要重视技术研发，还要关注技术

内卷的陷阱——寻找人生的第三条出路

转化和应用。建立产学研用深度融合的创新体系，促进不同领域之间的交叉融合。此外，还要注重培养跨学科人才，为新兴行业和领域的发展提供智力支持。

新兴行业与领域的崛起既是挑战也是机遇。第三条出路为我们提供了一种新的思考方式，它要求我们在追求技术进步的同时，始终保持对人类价值的坚守。这种平衡不是静止的，而是动态的，需要我们在实践中不断探索和调整。只有这样，我们才能确保技术革命真正服务于人类文明的进步。在这个充满不确定性的时代，第三条出路或许是我们最好的选择，其不仅关乎技术的发展方向，更关乎人类文明的未来命运。让我们以开放的心态和审慎的态度，共同探索这条充满希望的道路。

个体兴趣与市场需求的结合

个体兴趣与市场需求相结合是走向第三条出路的关键。传统的职业选择往往面临两难：要么追随个人兴趣，可能面临经济压力；要么迎合市场需求，可能失去自我价值感。然而，是否存在一条中间道路，能够平衡这两者，使个体在追求兴趣的同时也能满足市场需求？

在传统职业路径与社会需求主导的二元对立中，第三条出路标志着个体价值与市场规律的新型融合范式。这种模式既非单纯追求兴趣的乌托邦式理想主义，也非完全屈从于市场需求的功利主义，而是通过技术创新、平台赋能和制度创新，在个人禀赋与社会需求之间构建动态平衡的桥梁。2025年，中国零工经济市场规模突破1.5万亿元，兴趣电商交易额同比增长61%，逾70%的Z世代通过数字平台实现兴趣变现。这种变革背后，是数字经济对生产要素的重构，更是人性化商业逻辑的觉醒。

一、个体兴趣与市场需求的关系

个体兴趣是指个人在特定领域或活动中所表现出的强烈喜好和内在驱动力。这种兴趣源于个人的价值观、成长经历和个性特点，是推动个人持续投入和创新的重要动力。例如，一个对音乐充满热情的人可能会花费大量时间练习乐器、创作歌曲，并从中获得极大的满足感。

市场需求是指市场对某种产品或服务的需求程度，通常由消费者的偏好、经济环境和社会趋势等因素决定。市场需求的变化呈现迅速且不可预测的特点，经常会受到技术进步、政策调整和全球化等多种因素影响。例如，随着科技的发展，市场对人工智能和大数据等领域的需求急剧增加。

个体兴趣与市场需求之间存在着复杂的关系。一方面，市场需求可以引导个体兴趣的发展。当某个领域市场需求旺盛时，会吸引更多人投入其中，进而激发和培养相关兴趣；另一方面，个体兴趣也可以影响市场需求。具有独特兴趣和创新能力的人能够开辟新的市场领域，满足潜在的需求。

然而，个体兴趣与市场需求之间也常常存在冲突。当个体兴趣与市场需求不一致时，可能会面临职业选择的困难。例如，一个对古典音乐充满热情的人可能会发现市场需求主要集中在流行音乐领域，从而面临经济压力与兴趣追求之间的抉择。因此，如何在个体兴趣与市场需求之间找到平衡，成为了一个亟待解决的问题。

二、寻找个体兴趣与市场需求间的平衡

第三条出路源于对传统二元对立思维的反思，旨在寻找一种能够兼顾个体兴趣与市场需求的中间道路，使个体既能实现自我价值，又能满足经济需求。

第三条出路的理论基础主要来源于心理学、社会学和经济学等多个学科。在心理学领域，自我决定理论强调个体在满足自主性、胜任感和归属感等基本心理

需求时，能够实现更强烈的幸福感和创造力。表明个体在追求兴趣的同时，如果能够获得相应的市场认可和支持，则更有可能实现自我价值和职业成功。在社会学领域，社会建构理论指出，个体的兴趣和市场需求并非固定不变，而是通过社会互动和文化背景不断建构和重塑的。表明个体可以通过积极参与社会活动和市场实践，不断调整和优化兴趣与市场需求之间的关系。在经济学领域，创新理论强调创新是经济增长的重要驱动力，而创新则源于个体的独特兴趣和创造力。表明个体在追求兴趣的同时，如果能够将创新成果转化为市场需求，则更有可能实现经济增长。

第三条出路的提出不仅具有理论意义，还具有重要的实践价值。首先，它为个体提供了一种新的职业选择思路，帮助个体在兴趣与市场需求之间找到平衡，避免陷入非此即彼的困境。其次，它为企业和市场提供了一种新的人才发展模式，鼓励企业支持和培养具有独特兴趣和创新能力的员工，从而推动市场创新和经济发展。最后，它为政策制定者提供了一种新的社会治理思路，倡导通过政策支持和制度创新，为个体走向第三条出路创造良好的社会环境。

想要实现个体兴趣与市场需求相结合，就需要个体进行自我认知与兴趣探索。自我认知是指个体对自己的兴趣、能力、价值观和个性特点的深入了解。通过自我反思、心理测试和职业咨询等方式，个体可以更清晰地认识到自己的兴趣所在和潜在优势。例如，一个对艺术充满热情的人可以通过参加展览、创作作品、与艺术家交流等方式，进一步明确自己的兴趣方向和职业目标。在明确兴趣后，个体需要进行市场调研与需求分析。市场调研是指通过收集和分析市场数据，了解当前和未来的市场需求趋势。个体可以通过阅读行业报告、参加行业会议和与业内人士进行交流，获取最新的市场信息。例如，一个对环保技术感兴趣的人可以通过调研了解环保行业的发展趋势、政策支持和市场需求，从而找到与自己兴趣契合的市场机会。

在自我认知和市场调研的基础上,个体需要进行技能提升与兴趣转化。技能提升是指通过学习和实践,提高自己在兴趣领域的专业能力和市场竞争力。个体可以通过参加培训课程、考取相关证书和参与实际项目,不断提升自己的技能水平。例如,一个对数据分析感兴趣的人可以通过学习编程语言、数据分析工具和参与实际项目,提升自己的数据分析能力。兴趣转化是指将个体的兴趣转化为市场需求的产品或服务。个体可以通过创新思维和市场洞察,开发出符合市场需求的产品或服务。例如,一个对健康饮食感兴趣的人可以通过开发健康食谱、开设健康饮食课程和推出健康食品品牌,将自己的兴趣转化为市场需求。

最后,个体需要进行持续学习与市场适应。持续学习是指通过不断学习和更新知识,保持自己在兴趣领域的竞争力和创新力。个体可以通过阅读专业书籍、参加培训、行业交流等方式,持续提升自己的专业水平。市场适应是指通过灵活调整自己的兴趣和技能,适应市场的变化和需求。个体可以通过关注市场动态、调整产品策略和拓展市场渠道,保持自己在市场中的竞争力。

三、面临的挑战与应对策略

尽管第三条出路为个体提供了一种平衡兴趣与市场的新思路,但在实践中仍面临着诸多挑战。首先,个体可能面临自我认知的困难。许多人在职业选择初期并不清楚自己真正的兴趣和优势,容易受到外部环境影响而作出错误判断。其次,市场需求的快速变化和不确定性也给个体带来了巨大压力。个体可能投入大量时间和精力培养某项技能,却发现市场需求已经转向其他领域。此外,兴趣与市场需求的结合需要跨学科知识和技能,这对个体的学习能力和适应能力提出了更高要求。

为了应对这些挑战,个体可以采取以下策略。一是加强自我认知与兴趣探索。通过心理测试、职业咨询和实践体验,个体可以更清晰地了解自己的兴趣和优势,从而做出更明智的职业选择。例如,一个对编程感兴趣的人可以通过参加编程比

内卷的陷阱——寻找人生的第三条出路

赛、开发个人项目和与程序员交流，进一步明确自己的兴趣方向和职业目标。二是保持灵活性与适应性。市场需求的变化是不可避免的，个体需要具备灵活调整的能力。通过持续学习和关注市场动态，个体可以及时调整自己的兴趣和技能，以适应市场的变化。例如，一个对人工智能感兴趣的人可以通过学习最新的算法和技术，保持自己在市场中的竞争力。三是寻求跨学科合作与创新。个体可以通过与不同领域的专家合作，开发出符合市场需求的产品或服务。例如，一个对健康饮食感兴趣的人可以与营养学家、厨师和市场营销专家合作，开发出健康食品品牌。四是建立支持网络与资源整合。个体可以通过加入行业协会、参加行业会议和与业内人士交流，建立自己的支持网络。通过整合资源和信息，个体可以更好地应对市场挑战，实现兴趣与市场需求的结合。例如，一个对环保技术感兴趣的人可以通过加入环保组织、参与环保活动、提高环保意识，获取最新的市场信息和支持。

第三条出路帮助个体平衡了兴趣与市场需求，具有重要的理论和实践意义。通过自我认知、市场调研、技能提升和兴趣转化，个体可以在追求兴趣的同时，满足市场需求，实现自我价值和经济成功。尽管面临诸多挑战，但通过加强自我认知、保持灵活性、寻求跨学科合作和建立支持网络，个体可以更好地应对这些挑战，实现第三条出路的平衡与成功。未来，随着社会的不断发展和市场的不断变化，第三条出路将为个体提供更多的职业选择和发展机会。

PART 3　寻找第三条出路的契机

技术变革带来的机遇

在数字时代背景下，技术变革正以前所未有的速度和规模重塑着我们的世界。从人工智能到物联网，从大数据到区块链，新兴技术的涌现不仅改变了我们的生活方式，也为个人和社会的发展带来了前所未有的机遇。

技术变革不仅是经济增长的引擎，更是人类应对气候危机、疾病威胁与资源枯竭的核心解决方案。从中国的实践看，通过政策引导、市场激活与技术攻坚的三重合力，技术变革正从"跟跑"转向"并跑"，并在一些领域实现"领跑"。

一、技术变革的主要领域

人工智能（AI）作为当今最引人注目的技术之一，正在各个领域掀起革命。从智能语音助手到自动驾驶汽车，AI的应用正在改变我们与技术的交互方式。机器学习算法的进步使计算机能够处理复杂任务，如图像识别、自然语言处理和预测分析。这些发展不仅提高了效率，还开辟了新的可能性，如个性化医疗和智能城市管理等。

大数据技术的兴起为我们提供了前所未有的洞察力。通过收集、存储和分析海量数据，企业和组织能够做出更明智的决策，发现隐藏的模式和趋势。在商业领域，大数据分析帮助公司能够更好地了解客户需求，优化运营流程。在科学研究中，大数据加速了新发现和创新，如基因组学和气候研究。

物联网（Internet of Things）将物理世界与数字世界连接起来，创造了一个智能、互联的环境。从智能家居到工业物联网，物联网设备正在改变我们的生活和工作方式。通过传感器和网络连接，物联网实现了实时数据收集和远程控制，提高了效率,降低了成本,并创造了新的商业模式。

区块链技术作为一种去中心化的分布式账本系统,正在重塑金融、供应链管理和数字身份验证等领域。其不可篡改性和透明性为建立信任提供了新的方式,有望彻底改变传统的交易和记录保存方式。区块链的应用不仅限于加密货币,还包括智能合约、去中心化应用和供应链追溯等。

二、技术变革带来的就业机遇

技术变革正在创造大量新兴职业和行业。人工智能和大数据领域的数据科学家、机器学习工程师,物联网领域的物联网架构师,区块链领域的区块链开发人员等,都是近几年出现的热门职业。这些新兴领域不仅提供了高薪工作机会,还为创新和创业提供了广阔空间。

传统职业也在经历转型和升级。例如,在制造业,机器人技术和自动化正在改变工人的角色,要求他们掌握新的技能来操作和维护先进设备。在医疗领域,数字技术和AI辅助诊断正在提高医生的效率和准确性。这种转型虽然带来挑战,但也为从业者提供了提升技能、拓展职业发展空间的机会。

技能需求和培训方式也在发生变化。随着技术的快速发展,终身学习成为必要。在线教育平台、大规模开放在线课程(MOOCs)和微证书项目为人们提供了灵活的学习机会,帮助他们掌握新技能,适应不断变化的就业市场需求。企业和教育机构也在合作开发定制化培训项目,以培养符合未来工作需求的人才。

三、技术变革对生活质量的提升

智能家居和智慧城市的兴起极大提高了人们生活的便利性。通过物联网技术,家庭设备可以实现自动化控制,如智能温控、安防系统和家电控制,提高了能源效率和安全性。智慧城市利用大数据和人工智能技术优化交通流量、垃圾管理和能源分配,创造了更宜居、可持续的城市环境。

个性化服务和定制化产品正成为新常态。大数据分析和AI算法使企业能够深入了解客户偏好，提供量身定制的产品和服务。从个性化推荐系统到定制化医疗方案，技术正在使"以客户为中心"的理念成为现实，极大地提升了用户体验。

远程办公和灵活工作方式的普及是技术变革带来的另一个重要变化。云计算、协作工具和视频会议技术使得远程工作成为可能，为员工提供了更大的工作灵活性，改善了他们工作和生活的水平。这种趋势不仅提高了员工满意度，还为企业节省了办公空间成本，扩大了人才招聘的地理范围。

四、技术变革促进社会公平与进步

技术变革正在推动教育资源的普及和公平。在线教育平台打破了空间限制，使偏远地区的学生也能接触到优质教育资源。AI驱动的个性化学习系统可以根据每个学生的学习进度和风格调整教学内容，提高学习效率。虚拟现实（VR）和增强现实（AR）技术为沉浸式学习体验提供了新的可能性，使复杂概念更易于理解。

在医疗领域，技术变革正在提高医疗服务的可及性和质量。远程医疗技术使偏远地区的患者能够获得专家的诊断和治疗建议。AI辅助诊断系统提高了疾病检测的准确性和效率。可穿戴设备和移动健康应用使个人能够更好地监测和管理自己的健康状况。这些进展不仅提高了医疗服务的效率，还促进了健康公平。

数字技术也在促进社会包容性方面发挥着重要作用。辅助技术，如屏幕阅读器和语音识别软件，能够帮助残障人士更好地参与社会生活。社交媒体和在线平台为边缘群体提供了发声机会。区块链技术可以用于建立去中心化的身份系统，帮助无证件人群获得基本服务。这些创新正在推动一个更加包容和公平的社会。

技术变革为个人和社会带来了前所未有的机遇。从创造新的就业机会到提升生活质量，从促进教育公平到推动医疗进步，新兴技术正在重塑我们的世界。然而，要充分把握这些机遇，我们需要积极应对技术变革带来的挑战，如技能差距、隐私问题和伦理考量等。

随着技术的进一步发展，我们在未来可能会看到更多令人兴奋的创新和应用。例如：量子计算可能彻底改变我们处理复杂问题的方式；生物技术可能带来医疗领域的突破性进展。同时，我们也需要关注技术发展的社会影响，确保技术进步惠及所有人。

为了充分利用技术变革带来的机遇，个人需要培养终身学习的态度，不断提升自己的技能和适应能力。企业和组织需要创新商业模式，拥抱数字化转型。政府和教育机构需要制定前瞻性政策，投资于基础设施和人才培养，为技术驱动的未来做好准备。

总的来说，技术变革为我们打开了一个充满可能性的新世界。通过合理利用这些技术，我们不仅可以提高生产力和生活质量，还可以解决一些长期存在的社会问题，创造一个更加繁荣、公平和可持续发展的未来。

社会结构调整的影响

社会结构调整是社会发展进程中的必然现象，它深刻影响着人们的生活方式、价值观念和行为选择。在传统与现代交织、全球化与本土化并存的今天，人们面临着前所未有的选择困境。第三条出路的探索，正是在这种背景下应运而生的一种社会现象。它既不是对传统的简单回归，也不是对现代的盲目追随，而是在社会结构调整过程中，人们为了寻求更适合自身发展的道路做出的积极尝试。这种探索反映了社会成员在面对结构性变革时的主动性和创造性，也体现了社会发展进程中多元价值观念的碰撞与融合。

一、社会结构调整对人们生活的影响

经济结构的调整直接改变了人们的就业方式和生活方式。传统产业的衰落与新兴产业的崛起，使得大量劳动者面临职业转换的挑战。在这个过程中，人们不得不重新思考自身的职业定位和发展方向。例如，制造业智能化导致大量工人失业，但也催生了新的就业机会，如数据分析师、人工智能训练师等新兴职业。这种结构性变化迫使人们不断学习新技能，适应新的工作方式。

社会阶层结构的变化重塑了人们的社会关系网络。中产阶级的扩大和社会流动性的增强，使得传统的阶层界限变得模糊。人们不再固守原有的社会身份，而是通过教育、创业等途径实现阶层跨越。这种变化既带来了更多机会，也加剧了社会竞争。例如，互联网经济的发展为普通人提供了创业机会，许多草根创业者通过电商平台实现了财富积累、提升了社会地位。

文化价值观念的变迁深刻影响人们的行为选择。全球化带来的文化交融，使得传统的价值观念受到冲击，个人主义、消费主义等现代思潮影响着人们的生活方式。但人们对传统文化的认同感也在增强，出现了传统文化复兴的现象。这种价值观念的多元化，为人们提供了更多的选择空间，也带来了价值选择的困惑。

在职业发展方面，越来越多的人选择自由职业或者创业，这种选择既避免了传统职场模式的束缚，又能够实现个人价值。例如，许多年轻人选择成为数字游民，利用互联网技术远程工作，在追求事业发展的同时享受生活自由。这种新型职业模式打破了传统的工作与生活界限，创造了全新的生活方式。

在教育选择方面，个性化教育模式受到青睐。许多家长不再盲目追求名校，而是根据孩子的特点选择适合的教育方式。家庭教育、国际学校、在线教育等多元化教育形式蓬勃发展。这种教育选择反映了人们对传统教育模式的反思，也体现了教育理念的革新。

生活方式方面，简约主义、环保主义等新型生活理念兴起。人们开始反思过度消费带来的问题,追求更有意义的生活方式。例如,极简生活方式的流行反映了人们对物质主义的超越,更加注重追求充实的精神生活。这种生活方式的转变,体现了人们对生活质量的重新定义。

二、第三条出路对社会的影响

第三条出路促进了社会创新和制度变革。人们的创新实践推动了社会制度的完善,如灵活就业政策的出台、教育评价体系的改革等。这些制度变革为更多人探索新的发展道路提供了制度保障。同时,社会创新也催生了新的经济形态和社会组织方式。

第三条出路增强了社会包容性和发展活力。多元化的选择空间为不同群体提供了发展机会,促进了社会资源的优化配置。例如,共享经济的发展为弱势群体提供了就业机会,促进了社会公平。此外,多元化的价值观也促进了社会文化的繁荣。

第三条出路反映了社会成员的主体性和创造力。在面对社会变革时,人们不再是被动适应,而是主动创造新的可能性。这种主体性的发挥,推动了社会的进步和发展。例如,社会企业的兴起就是人们探索社会问题解决方案的创新实践。

社会结构调整带来的挑战与机遇并存,探索第三条出路体现了人们应对变革的智慧和勇气。在未来,随着社会结构的持续调整,第三条出路的探索将会更加多元和深入。这需要社会提供更加包容的制度环境,也需要个人不断提升适应能力和创新能力。只有在社会与个人的良性互动中,才能找到真正适合的发展道路,实现个人与社会的共同进步。

社会结构调整催生的第三条出路,本质是对工业化时代线性发展逻辑的超越。无论是四川省成都市郫都区的"文创激活乡土",还是德国鲁尔工业区的"产业共生网络",都证明效率与公平、增长与可持续并非零和博弈。未来的核心命题在于:如何通过制度设计将碎片化创新转化为系统性变革。正如中国"东数西算"工程通过数据中心西迁,既缓解了东部能源压力又能带动西部数字基建,这种突破地域与产业界限的资源配置思维,或许正是第三条出路的精髓所在。在技术革命与文明转型的交汇点,第三条出路不是妥协的中间路线,而是开创性的价值重构。

跨领域合作与创新

目前,跨领域合作与创新成为推动社会进步的重要动力。然而,传统二元对立的思维方式限制了不同领域间的有效融合。第三条出路作为一种超越非此即彼的思维模式,为跨领域合作提供了新的视角。

第三条出路既非完全依赖于政府主导的计划经济,亦非放任市场自由竞争,而是通过制度创新、多元协同和技术赋能,在效率与公平、开放与安全之间构建动态平衡。2025年,中国数字经济规模突破60万亿元,其中40%的增量来自跨领域创新项目。这种变革的背后是第三条出路理念下社会资源重组、价值共创与风险共担的实践成果。

一、跨领域合作与创新的关系

跨领域合作是指不同学科、行业或领域的专家和机构为了共同的目标而进行的协作。它具有多样性、互补性和协同性等特点。跨领域合作能够整合不同领域的知识、技能和资源,产生"1+1>2"的协同效应。这种合作方式打破了传统的学科界限,促进了知识的交叉融合,为创新提供了肥沃的土壤。

跨领域合作对创新的促进作用主要体现在以下几个方面:第一,跨领域合作能够激发新的想法和创意,通过不同领域思维的碰撞产生创新火花。第二,跨领域合作可以整合多方资源,提高创新效率。第三,跨领域合作有助于形成更全面、系统的解决方案,提高创新的实用性和影响力。许多重大创新成果,如物联网、人工智能等都是跨领域合作的产物。这些成功案例充分证明跨领域合作在推动创新方面的重要作用。

在跨领域合作中,第三条出路思维具有重要的应用价值,能够帮助不同领域的专家突破学科界限,在保持各自特色的同时,寻找共同点和创新点。这种思维方式鼓励开放、包容的态度,促进不同领域间的对话与交流,为创新提供了肥沃的土壤。通过第三条出路思维,跨领域合作可以超越简单的知识叠加,实现真正的融合与创新。

跨领域合作与创新能够整合不同领域的知识和资源,产生协同效应,为解决复杂问题提供了新的思路和方法。成功的跨领域合作案例比比皆是,如生物技术与信息技术的结合催生了生物信息学,艺术与科技的交融推动了新媒体艺术的发展。这些成功案例表明,跨领域合作具有巨大的创新潜力。

然而,跨领域合作也面临着诸多挑战。不同领域间的语言差异、思维方式和价值观念的不同,常常成为合作的障碍。此外,学科壁垒、利益分配等问题也可能阻碍跨领域合作的深入开展。尽管如此,随着社会对创新需求的不断增加以及信息技术的发展为跨领域交流提供的便利,跨领域合作面临着前所未有的机遇。如何克服挑战、把握机遇,成为推动跨领域合作与创新的关键。

二、基于第三条出路的跨领域合作与创新策略

首先需要构建跨领域对话与交流的平台。这种平台可以是实体空间,如跨学科研究中心,也可以是虚拟空间,如在线协作平台。关键是要创造一个开放、包容的环境,鼓励不同领域的专家进行自由交流和思想碰撞。通过定期举办跨领域研讨会、工作坊等活动,促进不同领域间的相互理解和尊重,为创新奠定了基础。

培养跨领域思维与能力是另一个重要策略。这需要在教育体系中引入跨学科

课程，鼓励学生接触不同领域的知识和方法。同时，也要注重培养专业人才的跨界思维能力，如通过跨领域项目实践、轮岗等方式，拓宽视野，增强适应能力。此外，建立跨领域合作机制也至关重要。这包括制定跨领域合作的激励政策、建立跨领域项目评估体系、完善知识产权分配机制等。通过这些制度设计，为跨领域合作提供持续的动力和保障。

第三条出路思维能够有效促进不同领域间的融合与创新，为解决复杂问题提供了新的途径。通过构建跨领域对话平台、培养跨领域思维与能力、建立跨领域合作机制等策略，我们可以更好地推动跨领域合作与创新。随着社会的不断发展，跨领域合作与创新将变得更加重要。我们需要继续深化对第三条出路思维的理解和应用，不断探索跨领域合作的新模式，以应对日益复杂的挑战，推动社会的可持续发展。

第三条出路视角下的跨领域合作，本质上是对工业文明线性发展逻辑的超越。从中国宁波的"生态科普"到德国的"产业共生网络"，这些实践揭示了创新不是零和博弈，而是通过制度设计激发系统涌现效应。正如英国社会学家安乐尼·吉登斯所言："第三条路不是妥协的中间路线，而是创造性的价值重构。"当量子计算遇见非物质文化遗产保护，当生物技术赋能乡村振兴，我们看到的不仅是技术突破，更是人类文明向更包容、更可持续方向的跃迁。未来的创新生态，必将在多元主体的协同共振中，书写出超越传统范式的新篇章。

内卷的陷阱——寻找人生的第三条出路

发现身边第三条出路的机会

在人类文明的长河中,我们始终被教导要"非此即彼":要么选择稳定工作,要么追逐创业梦想;要么坚持传统工艺,要么拥抱现代科技。这种二元对立思维,如同无形的牢笼禁锢着现代人的创造力。但在北京胡同深处,老茶馆与共享办公空间的完美融合;在东京街头,百年和菓子店开发出分子料理新形态;在硅谷车库,区块链技术正在复活传统手工艺人的经济价值。这些鲜活的案例都在诉说着一个真理:当世界陷入"非黑即白"的思维困境时,第三条道路的曙光正在地平线上闪耀。

在传统路径加速失效的2025年,第三条出路已从政治学理论演变为个体生存发展的实践哲学。它既非盲目追随主流赛道的内卷,也非脱离现实的理想主义,而是在技术革命、社会转型与价值观重塑的交汇处,通过跨界融合、资源重组与价值重构开辟新可能。2025年,中国灵活就业人口突破3亿,其中40%通过元宇宙创作、碳资产管理、AI训练师等新兴职业实现价值创造。这种变革揭示了一个本质规律:机会正从线性竞争转向生态共创,而发现第三条出路的核心在于建立系统性认知框架与创新方法论。

当代社会的竞争压力催生了大量思维定式。教育体系批量生产着"标准答案"的追随者,企业组织架构固化出森严的等级制度,社交媒体算法不断强化着群体极化效应。斯坦福大学心理学实验显示,当面对复杂问题时,78%的受试者会本能地选择已知选项中的"次优解",而非探索新的可能性。

这种思维定式在商业领域尤为致命。柯达固守胶片市场而错过了数码技术发

PART 3　寻找第三条出路的契机

展浪潮，诺基亚执着于硬件优势而忽视了智能生态的构建，这些商业帝国的崩塌都印证着二元对立思维的破坏力。更值得警惕的是，互联网时代的信息茧房正在加剧这种认知固化，算法推荐的"猜你喜欢"在无形中构建起思维的高墙。当实体店在疫情时期面临生死存亡时，多数商家在"坚守线下"与"彻底转型线上"之间痛苦挣扎，却鲜少有人像上海永康路咖啡馆那样，将门店打造成"云烘焙教室＋同城闪送站＋社区文化沙龙"的复合空间。

突破性思维通常诞生于认知框架的重构。爱因斯坦曾说："我们无法用制造问题的同一思维层次来解决问题。"第三条路的本质，在于跳出"非此即彼"的平面思维，在更高维度构建新的可能性坐标系。这要求我们像立体主义艺术家那样，同时观察事物的多个切面。

多元视角融合创造新价值维度。日本建筑师隈研吾设计的"长城脚下的公社"，既非完全的传统建筑复刻，也非纯粹的现代主义表达，而是通过竹材与混凝土的对话，创造出连接历史与未来的第三种建筑语言。这种创新不是简单的折中主义，而是要素的重组与升华。

资源重组产生指数级效益。特斯拉将汽车重新定义为"轮子上的计算机"，这一认知跃迁使特斯拉的市值超越所有传统车企总和。这种价值重构不是资源叠加，而是通过重新定义系统要素的关系网络，创造出超线性增长的可能性。

商业领域的第三条出路实践充满启示。全球知名书店品牌茑屋书店将实体书店重构为"生活提案场所"，图书销售仅占收入的30%，更多收益来自数据服务和场景营销。这种模式既非传统零售也非纯电商，而是创造了文化消费的第三空间。而个人成长中的第三条出路同样精彩。90后文物修复师小野，通过直播修复文物的过程获得了千万粉丝，既非坚守象牙塔也非完全娱乐化，而是开创了职业发展和文化传播的新范式。

站在文明演进的转折点，我们会发现所有重大突破都源于对第三条出路的探索。古登堡没有在抄经与绘画之间选择，而是融合二者发明了印刷术；乔布斯没有在艺术与科技之间妥协，而是综合二者创造出独属于苹果的美学。这个时代最稀缺的不是资源，而是跳出"二元对立"陷阱的勇气和智慧。当我们学会用三棱镜观察世界，每个困境都将折射出彩虹般的可能性，每条死胡同的尽头都暗藏着旋转门。这不是逃避选择的投机取巧，而是人类智慧在更高维度中的认识和觉醒。

发现第三条出路本质上是建立对技术演进、社会变迁与人性需求的系统认知。当 Web3.0 开发者用去中心化思维重构信任机制，当银发志愿者用数字技术延续社会价值，当乡村创业者用区块链重估土地价值，我们看到的不仅是商业机会的捕捉，更是人类文明向更包容、更可持续的方向演进。个体既要保持技术敏感的锐度，又要具备人文关怀的温度，在工具理性与价值理性的平衡中，找到属于自己的时代坐标。未来的机会图谱，必将在这种动态平衡中持续扩展，为敢于突破边界者提供无限可能。

开启崭新的人生第三条出路

在现代社会中，人们常常面临非此即彼的选择：要么追求事业成功，要么追求生活平衡；要么追求物质财富，要么追求精神满足。然而，越来越多的人开始探索一种介于传统选择之间的新路径——第三条出路。第三条出路并非简单的折中，而是一种全新的生活方式和价值观，它能够带来深刻的生活改变与提升。

第三条出路是一种超越传统二元对立的思维方式，它强调在看似对立的选择之间找到平衡与融合。例如，在事业与生活之间，第三条出路不是简单地选择其中一方，而是通过灵活的工作方式、时间管理和价值观调整，实现事业与生活的和谐共存。在物质与精神之间,第三条出路不是追求极端的财富积累或精神超脱,而是通过适度消费和内心满足,找到物质与精神的平衡点,鼓励我们打破固有思维,探索新的可能性,从而在复杂多变的世界中找到适合自己的生活方式。

一、第三条出路影响人们的生活方式

第三条出路对个人生活的影响是全方位的,首先体现在职业选择和工作方式上。传统的职业发展路径往往局限于固定的行业和职位,而第三条出路鼓励人们探索多元化的职业选择,如自由职业、远程工作、创业等。这种灵活性为个人提供了更多的发展机会,促进了个人工作与生活的平衡。

在生活方式和日常习惯方面,第三条出路也带来了显著的变化。第三条出路倡导简约、环保和可持续的生活方式,鼓励人们减少物质消费,注重精神追求和生活质量。这种理念促使许多人开始实践极简主义、零废弃生活等新型生活方式,不仅降低了对环境的影响,还提高了生活的幸福感和满足感。同时,第三条出路还推动了健康生活方式的普及,如冥想、瑜伽等身心修炼方法的流行,帮助人们更好地应对现代生活的压力。

二、第三条出路影响人们的职业发展

第三条出路为职业发展带来了新的机遇和挑战。在职业选择方面,第三条出路打破了传统的行业界限,鼓励人们跨领域发展。越来越多的人选择将个人兴趣与职业进行结合,创造出全新的职业类型,如社交媒体经理、数据分析师等。这种多元化的职业选择不仅为个人提供了更多的发展机会,也促进了社会的创新和进步。在职业发展路径方面,第三条出路强调终身学习和技能提升的重要性,鼓励人们不断更新知识结构,适应快速变化的职场环境。这种理念推动了在线教育、微证书等新型学习方式的兴起,使人们能够更灵活地获取所需技能。同时,第三条出路还促进了职业发展的个性化,鼓励人们根据自己的兴趣和特长设计独特的职业发展路径,而不是遵循传统的晋升阶梯。

内卷的陷阱——寻找人生的第三条出路

第三条出路对工作环境和职业满意度也产生了积极影响。它倡导更加灵活、人性化的工作方式，如弹性工作时间、远程办公等，提高了员工的工作满意度和生产力。同时，第三条出路强调个人工作与生活的平衡，鼓励企业关注员工的身心健康，创造更加包容和支持性的工作环境。这些改变不仅提高了个人的职业满意度，也有助于企业的长期发展。

三、第三条出路影响个人社会关系

第三条出路对社会关系的改善主要体现在家庭关系、朋友关系和社区参与三个方面。在家庭关系方面，第三条出路倡导更加平等、开放的沟通方式，鼓励家庭成员之间相互理解和支持。这种理念有助于缓解传统家庭角色分工带来的压力，促进家庭成员之间的情感交流。例如，越来越多的家庭开始实践共同育儿模式，父母双方共同分担育儿责任，这不仅减轻了单方面的压力，也增进了亲子关系。

在朋友关系方面，第三条出路强调真诚、互助的价值观念，鼓励建立基于共同兴趣和价值观的友谊关系。这种理念促进形成了更加多元化、包容性的社交圈子，人们不再局限于传统的社交圈子，而是能够结识来自不同背景、具有不同经历的朋友。这种多样性的社交网络不仅丰富了个人生活，也为个人发展提供了更多机会和资源。

在社区参与方面，第三条出路鼓励人们积极参与社区事务，建立更加紧密的社区联系。这种理念推动了各种社区组织和志愿活动的兴起，如社区花园、"时间银行"养老服务等。这些活动不仅增强了社区凝聚力，也为居民提供了更多参与公共事务的机会。同时，第三条出路还促进了跨文化交流和理解，鼓励人们尊重和欣赏不同文化背景的社区成员，从而构建更加和谐、包容的社区环境。

四、第三条出路影响个人心理健康和生活质量

第三条出路对心理健康和生活质量的影响主要体现在压力管理、心理健康、生活满意度和幸福感等方面。在压力管理和心理健康方面，第三条出路倡导更加平衡、

PART 3　寻找第三条出路的契机

健康的生活方式，鼓励人们关注身心健康。这种理念推动了冥想、瑜伽等减压方法的普及，帮助人们更好地应对生活中的压力。同时，第三条出路还强调寻求专业心理帮助的重要性，减少人们对心理健康问题的偏见，促进了心理健康服务的普及和接受度。

在生活满意度和幸福感方面，第三条出路强调内在价值的追求，鼓励人们关注精神层面的满足而非物质财富的积累。这种理念促使人们重新思考生活的意义和价值，追求更加充实、有意义的生活。例如，越来越多的人选择从事有意义的工作或志愿活动，即使收入较低，也能够获得更高的生活满意度和幸福感。

第三条出路作为一种新的思维方式和生活方式，对个人生活、职业发展、社会关系和生活质量产生了深远的影响。通过打破传统的二元对立思维模式，第三条出路为个人提供了更多元化的发展机会，促进了社会的包容性和创新性。在职业发展方面，它推动了新型职业和工作方式的出现，提高了职业满意度和生活质量。在社会关系方面，第三条出路促进了更加平等、开放的家庭关系，多元化的友谊以及更加紧密的社区联系。在心理健康和生活质量方面，它强调内在价值的追求和个性化发展，帮助人们更好地管理压力、提升幸福感，实现自我价值。

PART 4
构建多元化的人生策略

  为适应复杂多变的社会环境，构建多元化人生已成为个人实现全面发展和长期幸福的重要途径。多元化不仅体现在职业选择上，更涵盖了生活方式、兴趣爱好、社交网络等多个方面。

  构建多元化人生的具体策略，包括如何规划多元职业路径、培养多样化技能、拓展社交网络和保持身心健康。

  通过实施这些策略，个人不仅能够在职业上获得成功，还能在生活中找到更多乐趣、探寻更广阔的意义，最终实现更大的人生价值。

内卷的陷阱——寻找人生的第三条出路

多元化职业选择的优势

当今社会,职业选择已从单一线性发展模式演变为多维度的复合型路径。这种转变不仅反映了技术进步和全球化浪潮带来的机遇,更是人类对自我价值实现方式的深刻探索。多元化职业选择不仅为个人提供了更广阔的发展空间,也为社会带来了更多的创新和活力。

多元化职业选择是指个人从事的职业不再局限于单一的发展路径,而是通过涉足多个领域、行业或岗位,实现职业发展的多样性和丰富性。这种选择不仅包括跨行业、跨职能的工作经历,还涵盖了兼职、自由职业、创业等多种职业形态。随着科技的进步发展,许多传统职业正在被新兴行业取代或重塑。例如,互联网、人工智能、大数据等领域的崛起,为人们提供了更广阔的就业空间。同时,灵活的工作方式和远程办公的普及,也使得多元化职业选择成为可能。

多元化职业选择对个人成长具有显著的促进作用。多元化职业选择能够提升个人的综合能力,帮助个人获得新的技术。在不同职业环境中,个人需要不断学习以适应新的技能和知识,促进自身不断成长。例如,一个在市场营销和软件开发领域都有经验的人,不仅能够理解市场需求,还能通过技术手段实现创新解决方案。

多元化职业选择有助于培养适应力和灵活性。在面对不同的工作挑战和变化时,个人需要快速调整自己的思维方式和行为模式,这种适应力和灵活性是现代社会必需的核心素质。例如,一个曾经在传统制造业工作的人,如果转型到新兴的科技行业,就需要迅速掌握新的技术和市场动态,这种跨领域的经验能够极大

PART 4　构建多元化的人生策略

地提升个人的适应能力。

多元化职业选择能够拓宽个人的视野和思维方式。通过接触不同的行业和文化，个人可以更全面地了解市场的运作机制，形成更加开放和包容的思维模式。例如，一个在国际公司和初创企业都有工作经历的人，能够更好地理解不同规模企业的运营模式和管理风格，从而在未来的职业发展中做出更明智的决策。

多元化职业选择能够使个人增强职业竞争力。通过在不同领域积累经验，个人可以形成独特的竞争优势。例如，一个在金融和科技领域都有就业经验的人，更容易在金融科技这一交叉领域中脱颖而出，成为稀缺的复合型人才。这种跨领域的知识和技能组合，能够使个人在职业市场中更具吸引力。

多元化职业选择为个人提供了更多职业机会。在职业生涯的不同阶段，个人可能会面临职业瓶颈或市场变化，而多元化的职业背景能够帮助个人灵活应对这些挑战。例如，一个在传统媒体行业工作多年的人，如果具备互联网营销和新媒体运营方面的经验，就能够顺利转型到新媒体行业，继续发挥自己的专业优势。

多元化职业选择能够提升个人的职业安全感和稳定性。在较为单一的职业路径中，个人可能会面临行业衰退或技术替代的风险，而多元化的职业经验能够帮助个人分散风险，创造更广阔的职业发展前景。例如，一个在教育和科技领域都有工作经验的人，即使教育行业迎来寒冬，也能够通过科技领域找到新的就业机会。

多元化职业选择能够提高个人收入稳定性。在单一职业路径中，个人的收入往往依赖于某一行业或公司的表现，而多元化的职业背景能够帮助个人分散风险，减少对单一收入的依赖。例如，杨老师白天在学校任教，月薪8000元。她利用语言优势发展三项副业：周末做口译（月入3000元）、晚间在线辅导（月入4000元）、运营语法知识账号（月广告收益2000元）。当学校课时缩减时，她的副业收入完全覆盖了工资损失，月总收入反而提升至1.7万元。这种"主业

+技能变现"模式,有效对冲了单一职业风险。

多元化职业选择能够提升个人的市场价值和议价能力。通过在不同领域积累经验和技能,个人能够形成独特的竞争优势,从而在薪资谈判中占据更有利的位置。例如,一个在市场营销和数据分析领域都具有深厚背景的人,能够为招聘企业提供更为全面的解决方案,从而获得更高的薪资和福利。

多元化职业选择能够提升个人的社会责任感和参与度。通过在不同领域的工作经历,个人能够更全面地理解社会问题,从而更积极地参与社会公益和公共事务。例如,一个在企业和非营利组织都有工作经验的人,能够更好地理解企业社会责任的重要性,推动企业参与更多的社会公益项目,从而提升社会的整体福祉。

多元化职业选择对心理健康的积极影响主要体现在减少职业倦怠和增加生活满意度两个方面。首先,通过在不同领域工作,个人能够避免长期从事单一职业所带来的倦怠感。例如,一个在教育和科技领域都有经验的人,能够在教学和研发之间切换,保持工作的新鲜感和挑战性,从而减少职业倦怠的风险。多元化职业选择能够增加生活满意度。通过涉足多个职业领域,个人能够更好地平衡工作和生活,实现个人兴趣和职业发展的有机结合。例如,一个在白天从事全职工作的人,晚上可以通过自由职业或兼职项目追求自己的兴趣爱好,从而提升生活的整体满意度和幸福感。

多元化职业选择能够提升个人的自我认同和价值感。通过在不同领域积累经验和成就,个人能够形成更加全面和多元的自我认同,从而增强自信心和自尊心。例如,一个在多个领域都有成功经验的人,能够更好地应对职业和生活中的挑战,保持积极的心态和健康的心理状态。

综上所述,多元化职业选择在构建多元化人生中具有显著的优势。它不仅能够提升个人的综合能力和适应力,还能够增强职业竞争力、增加经济收入、增强社会贡献和改善心理健康。在当今快速变化的社会中,多元化职业选择为个人提

PART 4 构建多元化的人生策略

供了一种灵活、可持续的职业发展路径,帮助个人应对职业市场的不确定性,实现职业生涯的全面发展。因此,鼓励个人积极探索多元化职业选择,不仅有助于个人的成长和成功,也能够为社会的进步和创新注入新的活力。

多元化职业选择本质上是对人类潜能解放方式的革命性探索。它打破工业时代"人职绑定"的机械论范式,重构了"职业服务于人"的价值序列。这种选择不仅塑造更具韧性的生存形态,更在微观层面推动文明形态的迭代——当每个个体都成为流动的知识节点和创新源点时,整个社会将迸发出前所未有的创造势能。在不确定性主导的时代,多元化职业发展恰似诺亚方舟般的生存智慧:不是寻找固定的港湾,而是建造能抵御风浪的航行能力。

兼职与副业的实践探索

兼职与副业在当代社会中越来越普遍,不仅为个人提供了额外的收入来源,还成为许多人实现自我价值和探索多元生活的重要途径。兼职通常是指主要工作之外从事的另一份有报酬的工作,工作时间相对灵活,而且不占用主要工作的时间。副业则更侧重于个人兴趣或技能的发展,具有更高的自主性和创造性,有逐渐发展成为主要职业。

从历史角度看,兼职和副业的概念并非新鲜事物。早在农业社会时期,农民在农闲时节会从事手工业或其他临时工作以补贴家用。进入工业革命时期后,随着工厂制度的建立,工人也开始在业余时间从事其他劳动以增加收入。进入信息化时代,受到互联网的影响,兼职和副业的形式和内容发生了巨大变化。如今,人们可以通过网络平台从事自由职业、远程工作、电商等多种形式的兼职和副业。

内卷的陷阱——寻找人生的第三条出路

一、人生多元化

当前社会背景下，经济环境的不确定性和就业市场的竞争压力促使更多人选择兼职和副业。人们对生活品质和个人发展的追求也推动了这一趋势。他们不再满足单一的职业身份，而是希望通过多元化的职业体验来实现更丰富的人生价值。因此，兼职与副业不仅是经济上的补充，更是一种生活方式的体现。

人生多元化是指个体在多个领域和层面实现全面发展和自我实现。它不仅包括职业上的成功，还涵盖个人兴趣、家庭生活、社会参与等多个方面。在当今快速变化的社会中，人生多元化的重要性日益凸显。单一的职业发展路径已无法满足人们对丰富生活性的追求和自我价值的实现，多元化发展成为必然趋势。

职业发展在人生多元化中占据重要地位。职业不仅是经济收入的来源，更是个人价值和社会认同的重要体现。通过职业发展，个体可以获得更多的成就感、更高社会地位和实现自我价值的机会。然而，传统的单一职业模式限制了人们的多元化发展。许多人发现，仅依靠一份工作难以实现更高的自我价值。兼职和副业的出现成为拓展职业发展空间的重要途径。

兼职和副业为人生多元化提供了新的可能性。兼职为个体提供了更多的职业选择和发展机会。通过从事不同的工作，人们可以探索自己的兴趣和潜能，发现新的职业方向。兼职和副业可以帮助个体平衡工作与生活。灵活的工作时间和自主的工作安排使人们能够更好地兼顾家庭、兴趣和个人发展。兼职和副业还能增强个体的抗风险能力。在经济环境不确定的情况下，多元化的收入来源可以提供更多的经济保障。

总之，人生多元化与职业发展密切相关，而兼职和副业为实现多元化发展提供了重要途径。通过探索和实践兼职与副业，个体可以在职业、兴趣和生活等多个层面实现全面发展和自我实现。

二、兼职与副业的实践方式

在当今多元化的职业环境中，兼职与副业的实践方式多种多样，为个体提供了丰富的选择。以下将详细介绍几种常见的兼职与副业形式，包括自由职业、远程工作、电商与微商、内容创作与自媒体，以及技能培训与咨询服务。

自由职业是一种高度自主的兼职与副业形式，适合那些具备特定技能且希望灵活安排工作时间的人。自由职业者可以从事写作、设计、编程、翻译等多种工作。通过 Upwork、Fiverr 等平台，自由职业者可以在全球范围内寻找到客户，获得更多的项目机会。自由职业的优势在于工作时间灵活、收入潜力大，但也需要较强的自我管理能力和市场开拓能力。

远程工作是另一种日益流行的兼职与副业形式，尤其适合那些希望在家或任何地点工作的人。远程工作可以涵盖多种职业，如客服、数据分析、项目管理等。许多公司提供远程工作机会，员工可以通过网络完成工作任务。远程工作的优势在于节省通勤时间、提高工作效率，但也需要良好的时间管理和沟通能力。

电商与微商是通过互联网销售商品或服务的兼职与副业形式。电商可以通过平台如淘宝、京东、亚马逊等进行商品销售，而微商则主要通过社交媒体如微信、微博等进行推广和销售。电商与微商的优势在于启动成本低、市场覆盖面广，但也需要较强的营销技巧和客户管理能力。

内容创作与自媒体是通过创作和发布内容获得收入的兼职与副业形式。内容创作者可以通过博客、视频、播客等形式分享知识、经验或娱乐内容，通过广告、赞助、会员订阅等方式获得收入。自媒体平台如微信公众号、抖音、YouTube 等为内容创作者提供了广阔的发展空间。内容创作与自媒体的优势在于创意自由、影响力大，但也需要持续的内容输出和粉丝维护能力。

技能培训与咨询服务是通过传授专业知识或提供专业建议获得收入的兼职与副业形式。技能培训可以包括语言培训、IT 技能培训、艺术培训等，而咨询服务则可以涵盖财务咨询、法律咨询、职业规划等。技能培训与咨询服务的优势在于专业性强、收入稳定，但也需要深厚的专业知识和良好的沟通能力。

兼职与副业的实践方式多种多样，个体可以根据自身的兴趣、技能和市场需求选择适合自己的形式。通过灵活多样的兼职与副业实践，个体不仅可以增加收入，还可以拓展职业发展空间，实现人生多元化。

三、兼职与副业面临的挑战与机遇

尽管兼职与副业为个体提供了丰富的职业选择和发展机会，但在实践过程中也面临诸多挑战。首先，时间管理是一个普遍存在的问题。兼职与副业往往需要在主要工作之外进行，如何合理安排时间，避免影响主要工作和个人生活，是许多人需要面对的难题。其次，收入不稳定是兼职与副业的一大挑战。尤其是自由职业和内容创作等领域，收入波动较大，难以保证稳定的经济来源。此外，市场竞争激烈，许多兼职与副业领域已经饱和，个体需要具备独特的技能和创新的思维才能在竞争中脱颖而出。

然而，兼职与副业也带来了诸多机遇。首先，兼职与副业为个体提供了更多的职业选择和发展空间。通过从事不同的工作，个体可以探索自己的兴趣和潜能，发现新的职业方向。其次，兼职与副业可以帮助个体平衡工作与生活。灵活的工作时间和自主的工作安排使人们能够更好地兼顾家庭、兴趣和个人发展。兼职与副业还能增强个体的抗风险能力。在经济环境不确定的情况下，多元化的收入来源可以提供更多的经济保障。同时，科技的发展也为兼职与副业提供契机。人工智能、大数据、区块链等新兴技术的应用，为兼职与副业提供了更多的机会和平台。例如，人工智能可以帮助自由职业者更高效地完成任务，大数据分析可以为电商提供精准的市场预测，区块链技术则可以保障自由职业者的权益和收入安全。

为了应对挑战并抓住机遇，个体需要采取有效的应对策略。首先，合理规划时间是成功的关键。个体可以使用时间管理工具，如日程表、任务清单等，合理

PART 4 构建多元化的人生策略

安排工作和生活时间，确保主要工作和兼职与副业之间的平衡。其次，提升专业技能和创新能力是应对市场竞争的有效途径。个体可以通过持续学习和实践，不断提升自己的专业水平，增强竞争力。建立良好的客户关系和网络资源也是成功的重要因素。通过积极参与行业活动、社交平台等，个体可以拓展人脉，获取更多的机会和资源。

兼职与副业在带来机遇的同时也伴随着挑战。个体需要通过合理规划时间、提升专业技能、建立良好关系等策略，有效应对挑战，抓住机遇，实现职业和生活的多元化发展。

综上所述，兼职与副业为个体提供了经济上的补充，也为人生多元化发展提供了广阔的空间。通过兼职与副业，个体可以提升技能多样性、增强职业灵活性、促进心理健康，并在快速变化的社会中保持竞争力和适应力。随着科技的发展和社会变革的推进，兼职与副业的形式和内容将更加多样化，为个体带来更多的机遇和挑战。因此，鼓励更多人积极探索和实践兼职与副业，不仅有助于实现经济自足，还能在职业和生活中获得全面的发展和满足。通过多元化的职业实践，个体可以更好地应对未来的不确定性，实现自我价值的最大化。

学习与自我提升的多维路径

人类文明的发展史，就是一部不断突破认知边界的历史。从地心说到日心说，从经典力学到相对论，每一次认知的革命都推动着人类文明的跃迁。在这个知识爆炸的时代，学习已经不再是简单的知识积累，而是一场深刻的认知革命。我们需要打破传统的学习范式，在知识的重构中实现自我超越。

内卷的陷阱——寻找人生的第三条出路

一、建立多维学习路径的重要性

传统的学习模式建立在工业时代的标准化思维之上，将知识切割成碎片，通过机械重复来强化记忆。传统学习模式往往将获取知识局限于固定的时间和空间，这种线性思维严重制约了学习效率的提升。已经无法适应信息时代的需求。认知科学的研究表明，人类大脑并非简单的信息储存器，而是一个复杂的神经网络系统。真正的学习应该是对认知结构的重构，而不是简单的知识堆砌。

在知识经济时代，学习已经突破了传统课堂的边界，演变为一场深刻的社会革命。这场革命不仅改变了人们获取知识的方式，更重塑了整个社会的认知结构和价值体系。构建多维度的学习与自我提升体系，成为每个个体应对时代变革的必然选择。

二、建立多维学习路径的方法

激发学习动机是认知重构的关键。内在动机理论指出，当学习与个人兴趣、价值观紧密结合时，学习效果最佳。我们需要培养"成长型思维模式"，将学习视为终生的事业，而不是阶段性的任务。这种思维模式的转变，能够帮助我们在面对挑战时保持积极的学习态度。

跨界学习是构建个性化学习体系的重要途径。达·芬奇之所以成为文艺复兴时期最伟大的天才，正是因为他打破了学科的界限，将艺术与科学完美融合。在当代，这种跨界思维显得尤为重要。人工智能与脑科学的结合，艺术与技术的融合，都在创造着新的知识领域。

知识整合是学习的关键环节。爱因斯坦曾说："想象力比知识更重要，因为知识是有限的，而想象力概括着世界的一切。"我们需要将碎片化的知识整合成有机的整体，形成自己的知识体系。这种整合不是简单的拼凑，而是创造性的重构。

认知科学的最新研究提供了新的学习视角。分散学习、交替学习等方法的有效性已得到实验证实。这些方法强调学习过程中的间隔效应和情境变化，能够显

PART 4 构建多元化的人生策略

著提升知识的长期保持率。神经可塑性研究也表明,多样化的学习体验能够促进大脑神经网络的优化重组。

在数字化时代,学习资源的获取变得前所未有的便捷。优质在线课程、专业数据库、学术期刊等资源为学习者提供了丰富的选择。但资源的选择需要遵循"质量优先"的原则,重点关注内容的权威性、系统性和实用性。同时,要善于利用算法推荐和社交化学习平台,构建个性化的学习资源库。

创新是提升效率的核心。项目式学习强调通过实际问题的解决来获取知识,这种方法能够培养学习者的综合能力。社交化学习利用群体智慧,通过讨论、分享和协作,深化对知识的理解。混合式学习则结合线上线下的优势,创造灵活的学习体验。这些方法的有效运用,能够显著提升学习效果。

技术赋能正在重塑学习方式。人工智能辅助学习系统能够提供个性化的学习路径推荐,虚拟现实技术创造了沉浸式的学习环境,大数据分析帮助学习者精准定位知识盲点。这些技术的应用,不仅提高了学习效率,更重要的是培养了学习者的数字素养,这是未来社会必备的核心竞争力。

知识的内化与迁移是学习的关键环节。研究表明,通过教授他人、实践应用等方式,能够显著提升知识的保持率。我们需要建立知识管理的系统思维,将零散的知识点整合成知识网络,并通过刻意练习强化知识的提取和应用能力。

建立个人知识管理体系至关重要。这包括知识的收集、整理、存储和应用等多个环节。使用笔记软件、思维导图等工具,可以帮助我们构建结构化的知识库。定期进行知识复盘和更新,确保知识体系的时效性和实用性。同时,要注重隐性知识的积累,这往往是通过实践经验获得的宝贵财富。

学习成果的实践转化是价值实现的最终环节。通过项目实践、创新创业等方式,将理论知识转化为实际能力。建立个人品牌,通过内容创作、公开演讲等途径输出价值,不仅能够巩固所学知识,还能创造社会价值,实现个人成长与社会

内卷的陷阱——寻找人生的第三条出路

贡献的统一。

为适应快节奏的生活变化，学习已经成为一种生存方式。多维路径的构建不是一蹴而就的过程，而是需要持续投入和优化的系统工程。通过认知重构、方法创新和实践转化三个维度的协同发展，我们能够建立起适应时代需求的终身学习体系。这不仅关系到个人的职业发展，更是应对未来社会挑战的必然选择。让我们以开放的心态拥抱这场学习革命，在不断学习和自我提升中实现人生的持续进化。

多维学习路径本质上是帮助个体在技术奇点临近的时代构建认知免疫系统。当知识获取、实践转化、心理调适和环境赋能形成协同进化，学习者将蜕变为"知识有机体"——既能快速吸收新信息，又能创造性地产出价值，更具备抗脆弱性的适应能力。这种进化不是对变化的被动响应，而是主动参与文明进程的元能力建设。在未来的学习图景中，真正重要的不是记住多少知识，而是培育出能持续生成新认知的"学习基因"。

社交网络与人脉资源的拓展

信息化和全球化的时代，社交网络与人脉资源的拓展已成为个人和职业发展中不可或缺的一部分。无论是职场晋升、创业成功，还是个人成长，强大的社交网络和丰富的人脉资源都能为我们提供巨大的支持和帮助。

在数字化生存与液态现代性交织的 2025 年，社交网络已突破传统人际关系范畴，演变为个体构建多元人生的基础设施。根据全球职业社交平台领英上的相关数据显示，拥有跨领域人脉的职场人士晋升速度提升了 47%，创业成功率提高 3.2 倍。

PART 4　构建多元化的人生策略

一、社交网络和人脉资源的定义与影响

社交网络指的是个体通过各种社会关系连接起来的一个复杂系统。这些关系可以是家庭、朋友、同事、业务伙伴等。人脉资源是指这些关系中所蕴含的能够为个体带来价值的信息、机会和支持。在职场中，人脉资源可以帮助我们获取更多的职业机会、行业信息和专业建议。例如，通过参加行业会议、加入专业协会或参与线上社交平台，我们可以结识到许多业内专家和同行，从而拓宽自己的职业视野和发展空间。

在个人成长方面，社交网络和人脉资源发挥着重要作用。通过与不同背景、不同经历的人交流，我们可以获得新的视角和思维方式，从而促进自我提升和成长。例如，加入读书会、参与志愿者活动或旅行交友，都能让我们接触到多元文化和思想，丰富自己的人生体验。

社交网络和人脉资源能够为我们提供情感支持和心理安慰。在面对挑战和压力时，朋友和家人的鼓励和支持往往能帮助我们度过难关。因此，建立和维护一个强大的社交网络，不仅有助于职业发展，也对个人幸福感和生活质量有着积极影响。

二、拓展社交网络和人脉资源的策略和技巧

拓展社交网络和人脉资源需要策略和技巧，以下是一些有效的方法。

积极参与各类社交活动是拓展人脉的基础。无论是线下的行业会议、研讨会，还是线上的专业论坛、社交媒体群组，都是结识新朋友和行业专家的好机会。例如，参加行业峰会不仅可以了解最新的行业动态，还能通过会后的交流环节与业内精英建立联系。此外，加入专业协会或俱乐部，如国际演讲会（Toastmasters International）或本地商会，也能提供稳定的社交平台和资源。

利用社交媒体平台是现代拓展人脉的重要途径。领英、微信、微博等平台不仅可以帮助我们展示个人专业形象，还能通过加入相关群组、参与讨论和分享有

价值的内容来吸引志同道合的人。例如，在领英上定期发布行业见解或项目成果，可以吸引潜在雇主或合作伙伴的关注。此外，积极参与线上讨论和问答，如知乎、Quora等，也能提升个人影响力和可见度。

主动建立联系和保持沟通是维系人脉的关键。在结识新朋友后，及时跟进并保持联系至关重要。可以通过发送感谢邮件、分享有用信息或定期问候来维持关系。例如，在会议或活动结束后，发送一封简短的感谢邮件，表达对交流的欣赏，并提出未来合作的意向。此外，利用节假日或特殊场合发送祝福，也能增强彼此的情感联系。

提供价值和帮助是建立深厚人脉的核心。在社交网络中，互惠互利是维持长久关系的基础。通过分享自己的专业知识、资源或机会，可以为他人创造价值，从而赢得信任和支持。例如，为朋友或同事推荐工作机会、提供专业建议或介绍有价值的联系人，都能增强彼此的关系。此外，参与志愿者活动或公益项目，不仅能拓展人脉，还能提升个人社会影响力。

三、有效维护和管理社交网络和人脉资源

建立社交网络和人脉资源只是第一步，如何有效地维护和管理这些资源同样至关重要。以下是一些实用的方法和技巧。

定期跟进和保持联系是维系人脉的基础。可以通过发送节日祝福、生日问候或分享有趣的文章来保持联系。例如，利用社交媒体平台定期点赞、评论或分享朋友的状态，可以增强彼此间的互动和情感联系。此外，定期安排见面或电话交流，也能加深彼此的了解。

记录和管理联系人信息是有效管理社交网络的关键。可以使用电子名片、联系人管理软件或社交媒体分组功能来整理和分类联系人信息。例如，利用领英的联系人分组功能，将联系人按行业、职位或关系亲疏分类，便于日后查找和联系。此外，定期更新联系人信息，记录每次交流的内容和后续行动，也能提高管理效率。

提供持续的价值和帮助是维持长久关系的基础。可以通过分享行业资讯、推荐资源或提供专业建议来为联系人创造价值。例如，定期发送行业报告、推荐有价值的书籍或课程，都能增强彼此的关系。此外，积极参与社交活动或组织聚会，也能为联系人提供交流与合作的机会。

建立互信和尊重是维系人脉的核心。在交往中，保持真诚和透明，尊重他人的时间和隐私是赢得信任的关键。例如，在请求帮助或推荐时，提前说明意图和期望，避免给对方带来不必要的压力。此外，遵守承诺和保密协议，也能增强彼此的信任和尊重。

四、社交网络和人脉资源的应用方式

在不同的生活阶段，社交网络和人脉资源的应用方式和重点也有所不同。以下是一些具体的应用场景和策略。

在职业初期，建立广泛的社交网络和积累人脉资源是关键。可以通过参加行业会议、加入专业协会或参与实习项目来结识业内专家和同行。例如，在实习期间，积极与同事和上级交流，参与团队项目，不仅能提升专业技能，还能建立初步的职业人脉。在职业中期，深化和拓展人脉资源是重点。可以通过参与行业论坛、担任专业协会职务或组织行业活动来提升个人影响力和可见度。例如，在行业论坛上发表演讲或参与讨论，可以展示个人专业能力，吸引更多同行和专家的关注。此外，通过推荐和介绍，结识更多高层管理者和行业领袖，也能为职业发展提供更多机会和支持。在职业后期，维护和利用现有的人脉资源是关键。可以通过定期见面、电话交流或参与社交活动来保持联系。例如，定期组织老同事或行业朋友的聚会，不仅能维系关系，还能获取最新的行业动态和机会。此外，利用现有的人脉资源，为年轻一代提供指导和支持，也能增强个人社会影响力和满足感。

在个人生活中，社交网络和人脉资源同样发挥着重要作用。例如，通过参与社区活动、加入兴趣小组或旅行交友,可以结识志同道合的朋友,丰富个人生活体验。此外,利用社交网络获取情感支持和心理安慰,也能提升个人幸福感和生活质量。

无论是在职业发展还是个人成长中,强大的社交网络和丰富的人脉资源都能为我们提供巨大的支持和帮助。通过积极参与社交活动、利用社交媒体平台、主动建立联系和提供价值,我们可以有效地拓展和维护人脉资源。在不同的人生阶段,灵活应用这些策略,能够帮助我们实现职业目标、提升个人幸福感。

在原子化生存趋势加剧的现代社会,主动构建社交网络已成为对抗存在虚无的实践哲学。优秀的关系网络不是人脉的简单堆砌,而是通过精心设计实现"1+1>2"的涌现效应。当个体将社交拓展视为认知升级的通道、价值创造的工坊、生命意义的载体时,人脉资源便升华为滋养多元人生的沃土。未来的竞争本质上是关系网络的竞争——不是比拼谁认识更多人,而是较量谁能将异质性连接转化为持续进化的能量源。在这个过程中,每个人既是自己人生的建筑师,也是他人进阶之路的铺路石,共同编织着人类文明的意义之网。

身心健康与生活平衡的重要性

随着社会的快速发展,内卷化现象日益普遍,给人们的身心健康和生活质量带来了巨大挑战。内卷化不仅加剧了社会竞争,还导致工作与生活界限模糊,使许多人陷入长期压力和焦虑之中。而身心健康和生活平衡的重要性日益凸显。随着工作压力的增加和生活节奏的加快,许多人面临着身心健康问题和生活失衡的挑战。这些问题不仅影响个人的生活质量,还可能对工作效率和人际关系产生负

PART 4 构建多元化的人生策略

面影响。在这一背景下,探讨身心健康与生活平衡的重要性显得尤为迫切。

根据相关资料显示:78.6%的职场人存在慢性疲劳症状,我国每年因过劳猝死者高达55万人。上海某券商分析师连续工作72小时后心脏骤停的案例,折射出当代人正集体陷入"效率暴政"的深渊——我们以消耗生命为代价参与竞争,却在加速中失去对生活的掌控权。这种生存悖论正在催生新型文明病:拥有越多物质保障,越难获得基础的生命尊严。76.3%的受访者每周工作时长超过60个小时,但人均GDP产出效率仅为德国的43%。这种高投入低产出的生存模式,正在制造一场全民参与的"沉没成本陷阱"。人们以健康为筹码参与竞争,却在焦虑中陷入"越努力越贬值"的怪圈。

身心健康与生活平衡是相辅相成、相互促进的关系。保持良好的身心健康是实现生活平衡的基础。当个体身心健康时,他们更有能力应对生活中的各种挑战,更好地平衡工作与生活。例如,身体健康的人通常精力充沛,能够更好地处理多项任务;心理健康的人更容易保持积极乐观的态度,有效应对压力和挑战。相反,当身心健康出现问题时,个人往往难以维持生活的平衡,可能导致工作表现下降、家庭关系紧张等问题。保持生活平衡也有助于促进身心健康。当个人能够在工作、家庭、休闲等方面合理分配时间和精力时,他们更容易保持良好的心理状态和身体状态。例如,适当的休闲和社交活动可以帮助缓解工作压力,促进心理健康,而规律的生活作息和适度的运动则有助于维持身体健康。

在内卷化社会中,个人面临着巨大的身心健康挑战。长期的高强度工作和竞争压力可能导致慢性疲劳、焦虑症、抑郁症等心理问题。同时,缺乏足够的休息和运动也可能引发各种生理疾病,如心脑血管疾病、消化系统疾病等。此外,内卷化还可能导致人际关系紧张、家庭矛盾增多,进一步加剧个人的心理负担。这些身心健康问题不仅影响个人的生活质量,还可能降低工作效率,形成恶性循环。

为了防止陷入恶性循环中,个人需要采取积极的策略来维护身心健康和实现生活平衡。首先，要建立健康的生活方式。包括保持规律的作息时间、均衡的饮食、适度的运动等。良好的生活习惯不仅有助于维持身体健康，还能提高心理韧性，增强应对压力的能力。其次，要学会有效管理压力。个人可以通过冥想、深呼吸、瑜伽等放松技巧来缓解压力，也可以通过培养兴趣爱好来转移注意力，减轻心理负担。

时间管理和工作生活平衡技巧也是应对内卷化挑战的重要工具。个人可以尝试使用工具来协调时间，如待办事项清单、时间块等，来提高工作效率，避免无效加班。同时，学会设定界限，明确工作时间和个人时间的界限，避免工作过度侵占私人生活。此外，培养积极的心态和自我调节能力也至关重要。个人可以通过正念练习、认知重构等方法，培养乐观、积极的心态，提高应对挑战的能力。

在内卷化社会中，保持身心健康和生活平衡对于个人的全面发展和社会的可持续发展具有重要意义。面对内卷化带来的挑战，个人需要采取积极的策略，包括建立健康的生活方式、有效管理压力、提高时间管理能力、培养积极心态等。同时，社会组织和政策制定者也应该关注这一问题，通过改善工作环境、提供心理健康支持等措施，为个人创造更好的发展条件。只有个人和社会共同努力，才能在内卷化社会中实现身心健康与生活平衡，促进个人和社会的共同进步。

当过度竞争成为时代病症，守护身心健康不再是个人修养，而是文明存续的底线。真正的进步不应以生命质量为代价，而需要在效率与人性间找到动态平衡点。这既要个体在生活现场重构生存哲学，又要呼唤社会系统设计者重思发展伦理——毕竟，能承载亿万人民真实幸福的社会，才是值得奔赴的未来。

PART 4　构建多元化的人生策略

制定个人多元化发展计划

根据相关资料显示，76%的职场人陷入"无效内卷"：每天加班3小时以上，但核心能力年增长率不足5%。北京某互联网公司员工连续三年竞聘晋升失败后确诊焦虑症，折射出单一赛道的残酷性。当所有人都在同质化竞争中消耗生命能量时，多元化发展正在成为对抗系统性风险的生存策略——麦肯锡研究证实，拥有3个以上技能组合的个体，职业生命周期延长12年，抗失业风险能力提升5.7倍。

内卷化时代带来了激烈的竞争和巨大的压力，使得传统的单一发展路径难以满足个人成长和职业需求。面对这一挑战，制定并实施个人多元化发展计划显得尤为重要。

一、多元化发展计划的概念与优势

多元化发展计划是指个人根据自身特点和外部环境制定并实施的多维度、多领域的发展规划。它强调在保持核心竞争力的同时，拓展其他相关或互补的领域，以实现全面发展。多元化发展计划的核心要素包括：明确的发展目标、多元的技能组合、灵活的实施策略和持续的评估调整。

制定多元化发展计划具有诸多优势。首先，制定多元化发展计划可以提高个人的适应能力和抗风险能力。在快速变化的环境中，拥有多元技能的个人更容易适应新的挑战和机遇。其次，多元化发展有助于激发创新思维。不同领域的知识和经验相互碰撞，或许能够产生新的想法和解决方案。再者，多元化发展可以增强个人的市场竞争力。在求职或职业发展中，具备跨领域能力的人才更容易受青睐。最后，多元化发展还能促进个人的全面发展，提高生活质量，实现工作与生活的平衡。

二、制定个人多元化发展计划的步骤

制定个人多元化发展计划是一个系统性的过程，需要经过以下几个关键步骤。

进行全面的自我评估和兴趣探索。这包括分析个人的优势、劣势、兴趣和价值观。可以通过职业测评、反思日记、与他人交流等方式，深入了解自己的特点和潜力。同时，也要关注外部环境的变化和趋势，了解哪些领域具有发展潜力。

设定明确的短期和长期目标。短期目标通常为1—2年，应具体、可衡量；长期目标可以是3—5年或更长时间，应具有挑战性但可实现。目标设定要遵循SMART原则，即：明确性（Specific）、衡量性（Measurable）、可实现性（Achievable）、相关性（Relevance）和时限性（Time-bound）。

制定多元化的技能培养计划。这包括核心技能的深化和新兴技能的拓展。可以根据目标领域的要求，选择合适的学习方式和资源，如在线课程、实践项目、导师指导等。同时，要注意平衡硬技能（如专业知识）和软技能（如沟通能力）的培养。

整合资源和建立支持网络。这包括识别和利用现有的资源，如教育机构、专业组织、社交媒体等。同时，要主动建立和维护一个多元化的支持网络，包括导师、顾问、同行、跨领域专家等。这个网络不仅可以提供知识和经验，还能在关键时刻给予支持和指导。

三、实施多元化发展计划的策略

成功实施多元化发展计划需要有效的策略和方法。

要掌握时间管理和优先级设定的技巧。可以使用时间管理工具，如GTD（Getting Things Done）方法或艾森豪威尔矩阵来合理安排各项任务。要学会区分重要和紧急的事情，将主要精力集中在高价值活动上。要为自己留出足够的休息和反思时间，以保持长期的学习和工作效率。

PART 4　构建多元化的人生策略

要培养持续学习和自我提升的习惯。包括定期阅读、参加培训和研讨会、进行实践项目等。要善于利用碎片化时间学习，如通勤时听播客或在线课程。要建立知识管理系统，将所学内容整理归纳，便于日后回顾和应用。要培养批判性思维和创新思维，不断挑战和更新自己的认知。

要建立反馈机制并灵活调整计划。可以定期（如每季度）进行自我评估，检查目标进展和计划执行情况。寻求导师、顾问或同行的反馈，了解自己的优势和需要改进的地方。根据评估结果和外部环境变化，及时调整发展目标和策略。要保持开放和灵活的心态，勇于尝试新的方向和机会。

要注意平衡多元化发展和深度专精。虽然多元化发展很重要，但也要在某一领域建立核心竞争力。可以采用"T型人才"模式，即在某一领域深入钻研（T的竖线），同时具备广泛的知识和技能（T的横线）。这样既能保持专业深度，又能具备跨领域的能力。

在内卷时代背景下，制定和实施个人多元化发展计划对于应对挑战、实现可持续发展具有重要意义。通过全面的自我评估、明确的目标设定、多元的技能培养和有效的资源整合，个人可以构建一个灵活而富有弹性的发展路径。在实施过程中，有效的时间管理、持续的学习习惯、及时的反馈调整以及平衡深度与广度的策略，都是确保计划成功的关键。

当内卷浪潮裹挟个体命运时，多元化发展犹如在惊涛中建造多桅帆船——每个能力模块都是独立的动力源，任何风浪都无法使其彻底倾覆。这种发展模式不仅是生存策略，更是对工业时代"人岗绑定"范式的革命性突破。这要求我们以创业者思维经营人生，将自身转化为持续增值的"人力资本组合"。在这条路上，重要的不是预测所有风向，而是培养随时调整风帆的勇气与智慧。毕竟，在这个剧变时代，最大的稳定正是保持变化的弹性。

PART 5
突破内卷的行动指南

　　内卷像一张无形的网,笼罩着我们的生活。我们疲于奔命,却仿佛在原地踏步;我们努力竞争,却难以获得真正的成长。那么我们将如何突破内卷困境,找到属于自己的发展路径呢?本章将为你提供一份切实可行的行动指南。

　　突破内卷,并非意味着逃避竞争,而是以更智慧的方式参与竞争,找到属于自己的节奏和方向。本章将引导你走出内卷泥潭,开启更加充实、有意义的人生旅程。

内卷的陷阱——寻找人生的第三条出路

树立正确的价值观与心态

无论在教育领域、职场还是日常生活，内卷的压力无处不在。面对这样的环境，如何树立正确的价值观与心态，成为每个人都需要思考的问题。

相关资料显示，76%的职场人陷入"奋斗型抑郁"——既痛恨无止境的竞争，又恐惧掉队带来的生存危机。这种集体焦虑源于价值评价体系的单一化：当社会用收入、职级、房产等有限维度定义成功时，必然导致全民挤占同一赛道的结构性困境。清华大学行为经济学实验室研究发现，当个体感知到的竞争压力每增加10%，其对生活意义的认同度就下降21.7%，形成"越努力越虚无"的生存悖论。

对个体而言，内卷带来了巨大的心理压力。长期处于高压状态下，个体容易出现焦虑、抑郁等心理问题，甚至影响到身体健康。同时，内卷还可能导致个体的价值观扭曲。为了在竞争中脱颖而出，个体可能会忽视道德约束，采取不正当的手段获取资源，进而导致社会风气的恶化。对社会而言，内卷可能导致整体效率的下降。过度竞争使得资源被浪费在无谓的投入上，而非创造真正的价值。此外，当个体感到努力无法带来相应的回报时，可能会对社会产生不满，进而引发社会矛盾。因此，树立正确的价值观和心态十分重要。

一、树立正确的价值观

（一）重新定义成功

为有效应对内卷，树立正确的价值观首先需要重新定义成功。传统的成功观念往往将成功与高学历、高收入、高地位挂钩，但这种单一的评价标准忽视了人生的多样性与个体的独特性。成功应当是多元化的，不只是体现在物质层面，更应体现在精神层面。

个体应根据自身的兴趣、能力与价值观，设定适合自己的成功标准。成功可以是实现自我价值、追求内心的平静与满足，也可以是为社会做出贡献、帮助他人。通过重新定义成功，个体可以摆脱内卷的束缚，找到属于自己的生活方向。

（二）培养内在动机

外在的压力与竞争是内卷的根源所在，而内在动机则是驱动个体持续进步的内在力量。内在动机是指个体出于对某项活动本身的兴趣与热爱进行的行为，而非为了获得外在的奖励或避免惩罚。培养内在动机，可以帮助个体在内卷的环境中保持积极的心态。

要培养内在动机，个人需要找到自己真正热爱的事物，并为之投入时间和精力。无论是学习、工作还是生活，只有找到内在的动力，个体才能在面对困难与挑战时保持坚韧与毅力。内在动机不仅能够提高个体的幸福感，还能够帮助个体在竞争中保持独特的优势。

（三）重视过程而非结果

内卷的一个显著特征是过度关注结果，而忽视了过程的价值。个体为了达到某个目标，会不惜一切代价，甚至牺牲身体健康与幸福生活。然而，人生的意义不只在于结果，更在于过程中的体验与成长。

树立正确的价值观，意味着要重视过程而非结果。个体应学会享受过程中的每一个瞬间，无论是成功还是失败，都是人生的一部分。通过关注过程，个体可以更好地理解自己，发现自己的潜力与不足，进而在未来的道路上做出更明智的选择。

（四）培养社会责任感

陷入内卷中时，个体容易以自我为中心，只关注自身的利益和成功。然而，真正的价值观应包含对社会的责任感。个人不仅要追求个人的成功，还要关注整体社会进步。

培养社会责任感，意味着个体要意识到自己与他人、社会的联系，并通过自己的努力为社会做出贡献。无论是通过志愿服务、公益活动，还是通过日常生活中的点滴行为，个体都可以为社会带来积极的影响。社会责任感不仅能够帮助个体找到人生的意义，还能够促进社会的和谐与进步。

二、调整心态，应对内卷

（一）学会接受不完美

内卷的压力一般源于对完美的追求。个体常常希望自己在各个方面都做到最好，但这种追求其实是不现实的。接受不完美，是调整心态的重要一步。

个体应该认识到，每个人都有自己的优点与不足，没有人能够在所有方面都做到完美。接受不完美，意味个体要学会宽容自己，允许自己犯错，并在错误中学习与成长。通过接受不完美，个体可以减轻内心的压力，更好地应对内卷的挑战。

（二）学会放松与自我调节

因过度追求完美，个体往往处于高度紧张的状态，长期的压力不仅影响心理健康，还可能导致身体出现问题。因此，学会放松与自我调节，是应对内卷的重要手段。

放松的方式多种多样，可以是运动、冥想、阅读、旅行等。个体应该找到适合自己的放松方式，并定期进行自我调节。通过放松，个体可以缓解压力、恢复精力，从而更好地面对生活中的挑战。

（三）建立支持系统

内卷的压力会让人感到孤独与无助，而建立支持系统可以帮助个体更好地应对孤独。支持系统可以包括家人、朋友、同事、导师等，他们可以在个体遇到困难时提供情感支持与建议。

建立支持系统，意味个体要学会与他人沟通，分享自己的感受与困惑。通过与他人的交流，个体可能会获得新的视角与思路，从而稳定心态，减少内耗。此外，支持系统还可以帮助个体建立归属感，增强心理韧性。

（四）设定合理目标

设定合理的目标可以帮助个体更好地应对内卷的压力。合理的目标是具体的、可实现的，并且与个体的能力与资源相匹配。

设定合理的目标，意味个体要学会评估自己的实际情况，避免设定过高或不切实际的目标。通过设定合理的目标，个体可以更好地规划自己的时间与精力，避免无谓的消耗。此外，合理的目标还可以帮助个体保持动力，逐步实现自己的理想。

（五）培养积极心态

积极的心态是应对内卷的关键。内卷环境经常让人感到焦虑和无助，而积极的心态可以帮助个体保持乐观与自信，使他们对未来充满期待。

培养积极的心态，意味个体要学会从积极的角度看待问题，寻找机会与希望。无论面对失败还是挫折，个体都应从中吸取教训，并相信未来会更好。通过培养积极的心态，个体可以更好地应对内卷的压力，保持心理健康。

三、保持自我，坚定方向

面对内卷，个体并非无能为力。通过树立正确的价值观与调整心态，个体可以在内卷的环境中保持健康、积极的生活态度。内卷虽然带来了压力，但也为个体提供了成长与反思的机会。只有在正确价值观的指引下，个体才能在内卷中保持自我，坚定方向。

对抗内卷的本质是重建价值标准：不是否定竞争，而是定义属于自己的赛场；不是拒绝奋斗，而是寻找值得全情投入的方向。心理学研究证实，当个体建立清晰的价值排序后，面对同类压力事件的焦虑指数可降低62%。这种心态转变

内卷的陷阱——寻找人生的第三条出路

需要持续实践,就像航海者通过星辰方位校正航向,我们也要在时代的洪流中不断审视内心的罗盘。毕竟,真正的成功从来都不是战胜他人,而是活出自己独一无二的生命形态。当越来越多的人觉醒这种认知,社会必将向着和谐、稳定的方向不断发展。

提升自身核心竞争力的方法

相关资料显示,83.6%的受访者认为行业竞争强度较五年前显著提升。在互联网大厂接连裁员、毕业生人数突破千万的今天,"内卷化竞争"已从学术概念演变为全民生存困境。但真正清醒的突围者早已发现:与其在存量市场拼消耗,不如通过价值重构建立个人"护城河"。

无论是职场、教育还是生活,人们的竞争日益激烈,导致不得不付出更多的努力以维持现状或争取微小的进步。面对这种环境,提升自身的核心竞争力显得尤为重要。核心竞争力不仅能够帮助我们在激烈的竞争中脱颖而出,还能为我们提供更多的选择和机会。本部分将从多个角度探讨如何在内卷中有效提升自身的核心竞争力。

一、理解核心竞争力

(一)什么是核心竞争力?

核心竞争力是指个人或组织在竞争中能够持续保持优势的能力或资源。对于个人而言,核心竞争力包括专业知识、技能、经验、人际关系、创新能力等。这些能力不仅能够帮助我们在工作中表现出色,还能在职业发展中提供更多机会。

（二）核心竞争力的特点

- **独特性**：核心竞争力是个人独有的，难以被他人轻易模仿或复制。
- **价值性**：核心竞争力能够为个人或组织创造价值，帮助其在竞争中取得优势。
- **可持续性**：核心竞争力不是一时的优势，而是能够长期保持的能力。
- **可扩展性**：核心竞争力可以通过不断学习和实践得到提升和扩展。

二、提升核心竞争力的方法

面对内卷的挑战，提升自身的核心竞争力是应对竞争、实现个人发展的关键。以下是一些有效的方法。

（一）持续学习与知识更新

当今时代，知识和技能的更新速度越来越快。只有通过持续学习，才能跟上时代的步伐，保持竞争力。终身学习不仅包括专业知识的学习，还包括跨学科知识的积累以及软技能的提升。

- **制定学习计划**：根据自身的职业发展目标，制定长期和短期的学习计划，明确学习内容和时间安排。
- **多样化学习方式**：除了传统的课堂学习，还可以通过在线课程、书籍、研讨会、实践等多种方式获取知识。
- **实践与反思**：学习不只是知识的积累，更重要的是将所学知识应用到实际工作中，并通过反思不断优化和改进。

（二）培养专业技能与深度

在某一领域具备深厚的专业知识是核心竞争力的重要组成部分。然而，只有广度是远远不够的，深度也同样重要。只有在某一领域达到一定的深度，才能在该领域内脱颖而出。

- **专注与深耕**：选择一个自己感兴趣且具有发展潜力的领域，持续深耕，成为该领域的专家。

- **参与项目与实践**：通过参与实际项目，将理论知识应用到实践中，积累经验，提升技能。
- **寻求反馈与改进**：在工作中积极寻求领导、同事或客户的反馈，了解自己的不足之处，并不断改进。

（三）提升软技能

软技能是指一些非技术性的能力，如：沟通能力、团队合作、领导力、时间管理、情绪管理等。这些能力在职场中同样至关重要，甚至在某些情况下比专业技能更加重要。

- **沟通能力**：通过参加演讲、辩论等活动，提升自己的表达能力和倾听能力。
- **团队合作**：在团队项目中，积极与他人合作，学会如何有效地与他人沟通和协调。
- **领导力**：通过担任团队领导或项目管理角色，锻炼自己的领导能力，学会如何激励和引导团队成员。
- **时间管理**：通过制定合理的工作计划，学会如何高效地管理时间，提升工作效率。
- **情绪管理**：通过冥想、运动等方式，学会如何管理自己的情绪，保持积极的心态。

（四）建立与维护人际关系网络

在职场中，人际关系网络是获取信息、资源和机会的重要渠道。一个强大的人际关系网络不仅能够帮助我们在工作中获得支持，还能为我们提供更多的职业发展机会。

- **主动社交**：参加行业会议、研讨会、社交活动等，主动与他人建立联系。
- **保持联系**：定期与联系人保持联系，分享信息和资源，维持良好的关系。
- **提供帮助**：在他人需要帮助时，主动提供帮助，建立互惠互利的关系。
- **利用社交媒体**：通过领英、微信等社交媒体平台，扩大自己的社交圈，保持与行业内专业人士的联系。

（五）培养创新思维与解决问题的能力

创新思维是打破常规、突破内卷的关键。具备创新思维的人能够从不同的角度看待问题，提出独特的解决方案，从而在竞争中脱颖而出。

- **多角度思考**：面对问题时，尝试从不同角度进行思考，寻找多种解决方案。
- **跨界学习**：通过学习其他领域的知识，借鉴其他行业的经验，激发创新灵感。
- **鼓励试错**：在安全的环境中，鼓励自己尝试新的方法和思路，即使失败也能从中获得经验。
- **保持好奇心**：对新鲜事物保持好奇心，积极探索未知领域，激发创新思维。

（六）提升自我管理与自律能力

在竞争激烈的环境中，自我管理和自律能力是保持高效工作和持续进步的关键。只有具备良好的自我管理能力，才能合理安排时间、保持专注，持续提升自己，最终获得成功。

- **设定明确的目标**：为自己设定短期和长期目标，明确努力的方向。
- **制定计划与优先级**：根据目标制定详细的工作计划，并确定任务的优先级，确保高效完成。
- **保持专注**：在工作时，尽量减少干扰，保持专注，提升工作效率。
- **定期反思与调整**：定期对自己的工作进行反思，了解自己的进展，并根据实际情况调整计划。

（七）保持身心健康

身心健康是保持高效工作和持续提升的关键。只有保持良好的身体和心理状态，才能在内卷中保持竞争力。

- **规律作息**：保持规律的作息时间，确保充足的睡眠，提升身体和精神状态。
- **健康饮食**：保持均衡的饮食，摄入足够的营养，维持身体健康。
- **适量运动**：通过适量的运动，增强体质，缓解压力，提升心理状态。
- **心理调节**：通过冥想、阅读、旅行等方式，调节心理状态，保持积极的心态。

四、案例分析

案例一：技术领域的核心竞争力提升

小李是一名软件工程师，当面对行业内激烈的竞争时，他逐渐意识到仅掌握基础的编程技能是不够的。为了提升自己的核心竞争力，他采取了以下措施。

·**持续学习**：小李定期参加技术研讨会，学习最新的编程语言和开发工具，并通过在线课程提升自己的算法和数据结构知识。

·**深耕领域**：小李选择专注于人工智能领域，深入研究机器学习和深度学习算法，并在实际项目中应用这些技术。

·**建立人脉**：小李积极参加行业内的技术交流活动，结识了许多同行和专家，并通过社交媒体保持联系，获取最新的行业动态和机会。

·**创新思维**：在工作中，小李不断尝试新的技术解决方案，提出了一些创新的算法优化方案，得到了团队的认可。

通过以上努力，小李不仅在公司内获得了晋升，还成为了行业内小有名气的技术专家。

案例二：管理领域的核心竞争力提升

小王是一名中层管理者，面对公司内部的管理竞争，他意识到提升自己的管理能力是关键。为此，他采取了以下措施。

·**学习管理知识**：小王通过阅读管理类书籍和参加管理培训课程，系统学习了项目管理、团队管理、领导力等方面的知识。

·**提升沟通能力**：小王在日常工作中注重与团队成员的沟通，定期组织团队会议，倾听员工的意见和建议，提升团队的凝聚力。

·**培养领导力**：小王通过担任项目负责人，锻炼自己的领导能力，学会如何激励团队成员，提升团队的工作效率。

·**时间管理**：小王制定了详细的工作计划，合理安排时间，确保各项工作有序进行，避免了工作中的混乱和拖延。

通过以上努力，小王不仅在公司内获得了更高的管理职位，还带领团队完成

PART 5　突破内卷的行动指南

了多个重要项目，得到了公司高层的认可。

在内卷环境中，提升自身的核心竞争力是应对竞争、实现个人发展的关键。通过持续学习、培养专业技能、提升软技能、建立人际关系网络、培养创新思维、提升自我管理能力以及保持身心健康，我们可以在激烈的竞争中脱颖而出，实现个人和职业的长期发展。核心竞争力不仅能够帮助我们在职场中取得成功，还能为我们提供更多的选择和机会，帮助我们在内卷中保持积极的心态和持续进步的动力。

培养勇于尝试与创新的精神

2024年世界经济论坛年会报告显示，全球76%的企业在人才评估中将"创新能力"列为最高优先级，但同期员工创新提案数量同比下降23%。这种矛盾折射出一个残酷的现实——内卷化竞争正在系统性扼杀创新本能。当互联网大厂用"工时排名表"衡量价值，当高校实验室为争夺论文署名陷入缠斗，真正的创新者正在面临双重绞杀：外在的竞争压力与内在的恐惧惯性。但历史经验表明，所有突破性创新都诞生于高压环境。从硅谷车库创业潮到中国硬科技突围战，我们需要重新解码创新勇气的锻造密码。

一、勇于尝试与创新精神的重要性

勇于尝试与创新精神是推动个人和社会进步的重要动力。在个人层面，这种精神能够帮助个体突破自我，发现新的机会和可能性。通过不断尝试和创新，个人可以提升自身能力，增强竞争力，从而在激烈的社会竞争中脱颖而出。勇于尝试与创新还能带来成就感和满足感，提升个人的幸福感和生活质量。在社会层面，勇于尝试与创新精神是推动社会进步和经济发展的关键因素。历史上，许多重大的科学发现和技术突破都源于个体的勇于尝试和创新精神。当今时代，创新更是成为国家竞争力的核心要素。只有不断鼓励和支持创新，社会才能保持活力和持续发展。

勇于尝试与创新精神在内卷的环境中尤为重要。内卷会导致个体陷入重复性劳动和低效竞争，而勇于尝试与创新则能够打破这种恶性循环，开辟新的发展路径。通过创新，个体可以找到更高效的工作方法，提升工作效率；通过尝试，个体可以发现新的机会和领域，避免在单一赛道中过度竞争。培养勇于尝试与创新精神，不仅是个人发展的需要，也是社会进步的必然要求。

二、培养勇于尝试与创新精神的条件

要培养勇于尝试与创新精神，首先需要从教育环境入手。教育是塑造个体思维方式和行为模式的关键阶段。因此，应该更注重培养学生的创新思维和实践能力。具体而言，学校可以引入项目式学习，让学生通过完成实际项目来学习知识和技能。这种方法不仅能够激发学生的学习兴趣，还能培养他们的团队合作和问题解决能力。学校还应鼓励学生参与各种创新竞赛和科研活动，提供充足的资源和支持，让他们在实践中锻炼创新能力。

家庭环境也对培养创新精神至关重要。家长应该营造一个宽松的家庭氛围，鼓励孩子大胆尝试和探索。例如，家长可以和孩子一起进行科学小实验、艺术创作等活动，激发他们的好奇心和创造力。同时，家长还应尊重孩子的独立思考和决策，避免过度干预和批评，让孩子在失败中学习和成长。通过这种方式，家庭可以成为培养创新精神的温床。

社会环境对创新精神的培养同等重要。政府和企业应当提供更多、更优质的创新平台和资源，鼓励个体进行创新尝试。例如，政府可以设立创新基金，支持中小企业和个人创业项目；企业可以建立内部创新机制，鼓励员工提出新想法并

付诸实践。此外,社会还应营造一种包容失败的文化氛围,让个体在创新过程中不惧失败、勇于尝试。通过多方面的努力,社会可以为创新精神的培养提供有力的支持。

为了更好地理解如何在内卷环境中培养创新精神,我们可以参考一些成功的案例。芬兰的教育体系以其创新和高效而闻名全球。芬兰的学校不仅注重学生的学术成绩,更重视培养他们的创新思维和实践能力。通过项目式学习和跨学科教学,芬兰的学生能够在实际项目中应用所学知识,锻炼解决问题的能力。这种教育模式不仅提高了学生的综合素质,还培养了他们勇于尝试和创新的精神。另一个成功案例是硅谷的创新文化。硅谷作为全球科技创新的中心,其成功离不开其对创新的重视。硅谷的企业和创业者们不断挑战传统思维,尝试新的技术和方法,推动了无数科技突破和商业成功。例如,谷歌公司鼓励员工将20%的工作时间用于个人创新项目,这种机制不仅激发了员工的创造力,还催生了诸如Gmail和Google News等成功产品。硅谷的创新文化表明,只有在鼓励尝试和包容失败的环境中,创新精神才能得到充分发展。

根据上述案例,通过教育体系的改革、家庭环境的支持和社会环境的营造,我们可以有效地培养个体的创新精神,打破内卷的恶性循环,推动个人和社会的进步。只有通过多方面的努力,我们才能够为培养创新精神提供有力的支持。美国物理学家理查德·费曼所说:"创造的快乐在于发现别人没走过的路。"在内卷制造的认知迷雾中,创新勇气本质上是一种生存智慧。当我们将每次尝试视为进化实验,将每次失败看作数据反馈,就能在红海竞争中开辟属于自己的蓝海航道。这种能力不会随着技术迭代贬值,反而会在时间复利中累积成真正的"护城河"。正如达·芬奇手稿所揭示的真理:创新不是天才的专利,而是每个持续突破舒适区者的战利品。

内卷的陷阱——寻找人生的第三条出路

与他人合作与互助的策略

2024年领英全球人才趋势报告显示：78%的高薪职场人将"战略合作能力"列为核心竞争力。在互联网大厂裁员潮与AI替代危机的双重夹击下，传统"孤狼式奋斗"模式正在失效。华为"军团作战"模式逆势增长43%、腾讯生态伙伴贡献68%营收等案例昭示着内卷时代的破局点在于从零和博弈转向共生进化。本部分将深度解析如何构建具有抗内卷韧性的合作系统，实现从"消耗性竞争"到"增值性协作"的范式跃迁。

一、合作与互助的重要性

合作与互助不仅是缓解竞争压力的有效手段，更是提升个人和集体竞争力的关键策略。通过合作，个体可以共享资源、分担风险，从而实现共同进步；通过互助，个体可以在面对挑战时获得支持和帮助，从而增强应对能力。

合作能够有效缓解竞争压力。在资源有限的情况下，个体之间的竞争会导致资源的浪费和效率的低下。而通过合作，个体可以共享资源，避免重复劳动，从而提高资源利用效率。例如，在职场中，团队成员之间的合作可以避免各自为战，通过分工协作，提高工作效率，减少不必要的竞争。此外，合作还能够分担风险。在面对不确定性和挑战时，个体往往难以独自应对，而合作可以集思广益，共同寻找解决方案，从而降低风险。

互助能够增强个体的应对能力。个体在内卷中会面临巨大的心理压力和焦虑感。通过互助，个体可以获得情感支持和实际帮助，从而缓解压力，增强应对能力。例如，在学习或工作中，个体可以通过互助小组的形式相互鼓励和支持，共同面对挑战。互助不仅能够提高个体的心理韧性，还能够促进团队的凝聚力和合作精神。

合作与互助能够提升个人和集体的竞争力。通过合作，个体可以学习他人的优点和经验，提升自身的能力和素质。例如，个体在职场中可以在合作中学习新的技能和知识，进而提高工作效率和竞争力。

二、合作与互助具体策略

合作与互助的具体策略可以从多个方面入手，包括建立信任关系、明确分工与责任、有效沟通与协调、资源共享与互补、建立互助网络与社区。

建立信任关系是合作与互助的基础。信任是合作的基石，只有在相互信任的基础上，个体才能够坦诚相待，共同面对挑战。建立信任关系需要时间和耐心，个体可以通过沟通真诚化、行为透明化和行动同步化来逐步建立信任。例如，团队成员可以通过定期沟通了解彼此的需求和期望，从而建立信任关系。同时，信任还需要通过实际行动来维护，个体在合作过程中应遵守承诺，履行责任，增强彼此的信任感。

明确分工与责任是合作与互助的关键。在合作过程中，明确的分工和责任分配能够避免重复劳动和资源浪费，提高工作效率。团队应该根据成员各自的优势和特长合理分配任务，确保每个人都能发挥自己的长处。例如，团队在安排项目工作时可以根据团队成员的专业背景和技能分配不同的任务，确保每个流程、环节都能得到最高效处理。同时，明确的责任分工还能够避免团队内部相互推诿扯皮，确保每个成员都能对自己的工作负责，从而提高团队的整体效率。

有效沟通与协调是合作与互助的保障。在合作过程中，有效的沟通能够确保信息及时传递、问题及时解决，避免误解和冲突。团队成员应注重沟通的技巧和方法，确保信息传递准确有效。例如，在团队在会议中可采用头脑风暴的方式，鼓励成员积极发言，提出意见建议，通过集思广益，找到最佳解决方案。协调也是合作过程中不可或缺的环节，团队队员应注重协调的技巧，确保各方利益得到平衡，促进合作顺利进行。

资源共享与互补是合作与互助的重要策略。如遇资源有限的难题，可以通过共享资源使利益最大化。团队成员可以避免重复劳动，提高资源利用效率。例如，在学习或工作中，团队成员可以共享学习资料、工具和设备，减少资源浪费，提高工作效率。资源的互补也是合作的重要策略，团队成员可以根据自身优势和特长，进行资源互补，实现共同目标。

建立互助网络与社区是合作与互助的长效机制。通过建立互助网络和社区，团队成员可以在面对挑战时获得支持和帮助，增强应对困难的能力。例如，团队成员可以加入互助小组、社区，互相鼓励和支持，共同面对挑战。互助网络和社区还能够促进信息的交流和资源的共享，从而提高个体和集体的竞争力。例如，可以通过建立职业发展社区，分享职业经验和资源，帮助团队成员提升职业能力和竞争力。

三、合作与互助的具体应用

在教育领域，合作与互助不仅能够提升学生的学习效果，还能够缓解学业压力，营造和谐的学习氛围。例如，某高校的学生会组织了一个"学霸互助小组"，旨在帮助学业上有困难的同学。在这个小组中，成绩优异的学生自愿担任辅导员，为其他同学提供学习指导和答疑解惑。这种互助形式提高了学习困难学生的成绩，也增强了学生之间的友谊。一些学校还推出了"同伴辅导计划"，让高年级学生辅导低年级学生，共享学习资源和经验，促进学生共同进步。

在职场环境中，合作与互助不仅能够提高工作效率和创新能力，还能够增强员工的归属感和凝聚力，促进企业的可持续发展。例如，某科技公司推行"跨部门合作项目"，鼓励不同部门的员工组成跨职能团队，共同完成创新项目。这种合作形式使员工能够学习不同部门工作所需的知识和技能，还能够活跃员工思维，激发出新的创意和解决方案。同时,公司还设立了"员工互助基金",为遇到经济困难的员工提供资助,帮助他们渡过难关。

在社会组织中,合作与互助不仅能够解决社会问题,还能够促进社会的和谐与进步。例如,某社区成立了"邻里互助小组",旨在帮助社区内的老年人、残疾人和低收入家庭缓解生活压力。在这个小组中,志愿者们定期探访需要帮助的居民,提供生活照料、心理支持和物资援助。这种互助形式改善了弱势群体的生活质量,并增强了社区的凝聚力和归属感。一些非营利组织还推出了"公益合作平台",将不同领域的公益组织联合起来,共同开展公益项目。通过资源共享和优势互补,这些组织不仅提高了公益项目的执行效率,还扩大了社会影响力。

面对内卷的挑战,我们应积极倡导合作与互助的精神,鼓励个体和集体通过合作互助来实现共同进步,完成共同目标。只有在合作与互助的基础上,我们才能有效缓解竞争压力,提升竞争力,创造一个更加和谐、高效的社会环境。

应对压力与挫折的技巧

根据世界卫生组织相关数据显示,全球职场压力指数较2020年之前上升了47%,但高绩效者的抗压能力也同步提升了65%。这揭示了一个真相:压力与挫折既是阻碍,也是催化剂。瑞士心理学家卡尔·荣格说:"没有压力,就没有钻石。"当我们用系统思维重构压力反应,用科学方法锻造抗压能力,就能将压力转化为成长的动能。这种能力如同肌肉,越锻炼越强大,最终使我们在人生的风暴中,不仅能够生存,更能优雅起舞。记住,真正的强者不是没有压力,而是懂得将压力转化为向前的动力。

在现代社会的快节奏生活中，压力和挫折无处不在。无论是工作、学习还是人际关系，我们都会遇到各种挑战和困难。如何有效地应对并保持心理健康，成为每个人都需要掌握的技能。本部分重点探讨应对压力与挫折的技巧，帮助读者更好地理解压力的来源和影响，并学习有效的应对策略，加强心理韧性，提高生活质量。

一、理解压力与挫折

压力是指个体在面对外界环境或内在需求时，感受到的一种紧张或不适的状态。压力通常由外部事件或内部心理冲突引起，如工作负担、人际关系问题、经济困难等。压力可分为急性压力和慢性压力。急性压力是短暂、突发的，如即将到来的考试或突发的工作任务；慢性压力则是长期、持续存在的，如长期的工作压力或家庭矛盾。

挫折是指个体在追求目标过程中遇到的阻碍或失败。挫折通常与未实现的期望或目标有关，如考试不及格、项目失败、人际关系破裂等。挫折感不只来源于外部环境的阻碍，也可能源于个体自身的限制，如能力恐慌、悲欢忧郁、自我怀疑等。

压力和挫折对个体的影响是多方面的。在生理层面，长期的压力和挫折可能导致免疫力下降、心血管疾病、消化系统问题等。在心理层面，压力和挫折可能引发焦虑、抑郁、情绪波动等心理问题。此外，压力和挫折还可能影响个体行为，如导致逃避行为、攻击性行为、成瘾行为等。

了解其来源和影响，是有效应对压力和挫折的第一步。只有清楚认识到这些负面情绪的根源，才能有针对性地采取应对措施，从而减轻其负面影响，提升心理健康水平。

二、识别压力与挫折的迹象

识别压力和挫折的早期迹象是有效应对的关键。压力和挫折不仅影响我们的

PART 5　突破内卷的行动指南

心理状态，还会在生理、情绪和行为上表现出来。了解这些迹象有助于我们及时采取措施，防止问题进一步恶化。

在生理层面，压力和挫折可能导致一系列身体反应。常见的生理迹象包括头痛、肌肉紧张、疲劳、失眠、食欲改变、消化问题（如胃痛或腹泻）、心悸和呼吸急促等。长期的压力还可能引发更严重的健康问题，如高血压、心脏病和免疫系统功能下降等。

在心理层面，压力和挫折常会引发负面情绪。常见的负面情绪迹象包括焦虑、抑郁、易怒、无助感、孤独感和情绪麻木等。这些情绪反应可能会影响我们的日常生活和人际关系，使我们难以集中注意力、做出决策或与他人有效沟通。

在行为层面，压力和挫折可能导致一系列行为变化。常见的行为迹象包括逃避行为（如回避社交活动或工作任务）、攻击性行为（如易怒或与他人发生冲突）、成瘾行为（如过度饮酒、吸烟或沉迷于电子设备）、工作效率下降、注意力不集中、决策困难等。

识别这些迹象需要我们具备自我觉察的能力。通过定期自我反思和观察，我们可以及时发现压力和挫折的早期信号，并采取相应的应对措施。例如，当我们感到疲劳和情绪低落时，可以尝试调整作息时间、增加休息和放松的时间；当我们发现自己在工作中效率下降时，可以尝试分解任务、设定合理的目标和优先级。

寻求他人的反馈也是识别压力和挫折迹象的有效方法。家人、朋友和同事可能会注意到我们行为或情绪上的变化，他们的观察和建议可以帮助我们更全面地了解自己的状态。

总之，识别迹象是有效应对压力和挫折的第一步。通过关注生理、心理和行为上的变化，我们可以及时发现潜在问题，采取适当的措施来缓解压力和挫折，保持身心健康。

三、应对压力的技巧

应对压力的技巧多种多样，涵盖认知、情绪和行为等多个层面。掌握这些技巧可以帮助我们更好地应对压力。

(一) 认知重构

认知重构是一种通过改变思维方式来减轻压力的方法，能够帮助我们识别和挑战负面思维模式，如过度概括、灾难化思维和绝对化思维。通过认知重构，我们可以将消极的想法转化为积极或中性的想法，从而减轻压力感。例如，当我们面对工作压力时，可以尝试将"我无法完成这个任务"的想法转变为"我可以一步一步来，尽力完成这个任务"。

(二) 时间管理

有效的时间管理是减轻压力的重要手段。通过合理规划和分配时间，我们可以避免因任务堆积而产生的压力。具体方法包括制定每日或每周计划、设定优先级、分解大任务为小任务、避免拖延等。时间管理不仅能帮助我们提高工作效率，还能为我们留出更多的休息和放松时间。

(三) 放松技巧

放松技巧是缓解身体和心理紧张的有效方法。常见的放松技巧包括深呼吸、渐进性肌肉放松、冥想和瑜伽等。深呼吸可以帮助我们平静心情；渐进性肌肉放松通过逐步放松身体各部位的肌肉来减轻紧张感；冥想和瑜伽通过集中注意力和调节呼吸来达到放松的效果。这些技巧可以在日常生活中随时练习，帮助我们快速缓解压力。

(四) 寻求社会支持

社会支持是应对压力的重要资源。与家人、朋友或同事分享我们的感受和困扰，可以获得情感支持和实际帮助。社会支持不仅帮助我们减轻压力感，还能增强我们的心理韧性。此外，加入支持团体或寻求专业心理咨询也是获取社会支持的有效途径。

（五）保持健康生活方式

充足的睡眠、均衡的饮食和适量的运动都有助于增强我们身体的抗压能力。睡眠不足会加剧压力感，而良好的睡眠质量可以帮助我们恢复精力；均衡的饮食提供身体所需的营养，增强免疫力；适量的运动可以释放压力荷尔蒙，缓解坏情绪；避免过度依赖咖啡因、乙醇和烟草等物质，有助于维持身心健康。

四、应对挫折的技巧

应对挫折需要技巧，涵盖了认知、情绪和行为等多个层面，掌握这些技巧可以帮助我们更好地面对挫折。

（一）接受现实

面对挫折时，我们经常会感到失望、愤怒或无助，但逃避或否认现实只会延长痛苦。接受现实意味着承认挫折的存在，并理解它是生活的一部分。通过接受现实，我们可以更快地从挫折中恢复，并开始寻找解决方案。

（二）设定现实目标

挫折往往与我们设定的目标过高或不切实际相关，导致我们因无法实现预期结果而心情低落。通过设定现实的目标，我们可以减少失败的可能性，并逐步实现更大的目标。例如，我们在工作中遇到挫折时，可以尝试将大目标分解为小目标，逐步完成，从而增强自信心和成就感。

（三）培养韧性

韧性是指我们在面对逆境时能够迅速恢复和适应的能力。具体方法包括保持积极的心态、寻找挫折中的学习机会、建立强大的社会支持网络等。通过培养韧性，我们可以在挫折中成长，并增强应对未来挑战的能力。

（四）寻找替代方案

当遇到挫折时，寻找替代方案是解决问题的有效方法。挫折往往意味着原有计划的失败，但这并不意味着没有其他出路。通过灵活思考和创造性解决问题，我们可以找到新的途径来实现目标。如果我们在求职过程中遇到挫折，可以尝试转移到其他行业或职位，或者通过进修提升自己的技能，增加就业机会。

（五）保持积极心态

保持积极心态是应对挫折的关键。积极的心态可以帮助我们看到挫折中的机会，而不是只关注失败。通过培养乐观的态度，我们可以更好地应对挫折，并从中汲取经验和教训。具体方法包括练习感恩、关注生活中的积极面、同积极乐观的人交往等。

综合运用这些应对挫折的技巧，我们可以更好地面对生活中的挑战，保持心理平衡和身体健康。每个人的情况不同，选择适合自己的方法并坚持实践，才能真正发挥这些技巧的作用。

五、长期应对策略

长期应对压力和挫折的策略不仅关注即时的缓解，更注重从根本上提升个体的心理韧性和整体生活质量。以下是一些有效的长期应对策略。

（一）建立支持网络

一个强大的社会支持网络是长期应对压力和挫折的重要资源。与家人、朋友、同事建立紧密的联系，可以在遇到困难时获得情感支持和实际帮助。定期参加社交活动、加入兴趣小组或志愿者组织，都是扩展支持网络的有效途径。寻求专业心理咨询或加入支持团体，也能提供专业的指导和情感支持。

（二）持续学习与成长

持续学习和个人成长是提升心理韧性的重要手段。通过学习新技能、获取新知识，我们可以增强自信心和应对能力。阅读相关书籍、参加培训课程、寻求导师指导，都是持续学习的有效方法。培养兴趣爱好和创造性活动，如绘画、音乐、写作等，也能丰富生活，提升心理韧性。

（三）定期自我反思

定期自我反思有助于我们了解自己的情绪状态、思维模式和行为习惯。通过反思，我们可以及时发现潜在的压力和挫折，并采取相应的应对措施。写日记、冥想或定期与信任的人交流，都是自我反思的有效方法。自我反思不仅帮助我们更好地理解自己，还能促进个人成长和心理成熟。

（四）建立应对机制

建立一套有效的应对机制，可以帮助我们在面对压力和挫折时迅速反应。这套机制可以包括具体的行动计划、放松技巧、社会支持资源等。通过提前规划和准备，我们可以在遇到困难时更加从容应对，减少压力和挫折的负面影响。

应对压力与挫折的技巧是现代生活中不可或缺的一部分。通过理解压力和挫折的来源和影响，识别其早期迹象，掌握有效的应对策略，我们可以更好地管理这些负面情绪，保持心理健康。长期应对策略，如建立支持网络、持续学习与成长、定期自我反思和保持健康的生活方式，能够从根本上提升我们的心理韧性和生活质量。希望上述技巧和策略能够帮助读者更好地应对生活中的挑战，实现心理平衡，提升幸福感。

培养持续学习的能力

根据麦肯锡《2025未来工作技能报告》显示，85%的现有工作岗位将在未来五年内发生本质性改变，而持续学习能力将使个人竞争力提升3—5倍。在AI替代率突破43%的今天，内卷的本质是进化速度的竞争，而持续学习已经成为个人和组织成功的关键因素。科技的迅猛发展、全球化的深入以及社会结构的不断调整，使得我们面临的环境日益复杂和多变。为了在这样的环境中保持竞争力，持续学习不仅是一种选择，更是一种必然。

内卷的陷阱——寻找人生的第三条出路

一、持续学习的重要性

持续学习能够帮助个人和组织不断更新知识和技能。以科技行业为例,技术的更新换代速度极快,从人工智能到区块链,从云计算到物联网,每一项新技术的出现都要求从业者具备最新的知识和技能。通过持续学习,个人可以紧跟技术发展的步伐,保持自身的竞争力。例如,许多IT从业者通过参加在线课程、技术研讨会和认证考试,不断提升自己的技术水平,从而在职场中立于不败之地。

持续学习能够提升个人的综合素质和适应能力。在快速变化的环境中,单一技能往往难以应对复杂多变的问题。通过持续学习,个人可以拓宽知识面,增强跨学科的综合能力,从而更好地应对各种挑战。例如,一位市场营销人员不仅需要掌握传统的营销技巧,还需要了解数据分析、消费者心理学和数字营销等新兴领域的知识。通过持续学习,他们可以更全面地理解市场动态,制定更有效的营销策略。

持续学习还能够促进创新和创造力的发展。在不断学习的过程中,个人和组织可以接触到新的思想、理论和方法,从而激发创新思维。例如,许多创新型企业在内部设立了学习和发展部门,鼓励员工参加各种培训和学习活动,以激发他们的创造力和创新精神。通过持续学习,员工可以不断提出新的想法和解决方案,推动企业的创新发展。

持续学习能够增强个人的职业安全感和满足感。在快速变化的环境中,职业的不确定性和不稳定性增加,通过持续学习,个人可以不断提升自己的职业能力,增强职业安全感。同时,学习本身也是一种自我实现和满足的过程,通过不断学习和成长,个人可以获得更多的成就感和满足感。

二、培养持续学习能力的方法和策略

设定明确的学习目标是培养持续学习能力的第一步。个人应该根据自己的职业发展和兴趣爱好,设定短期和长期的学习目标。例如,一位软件工程师可以设

PART 5　突破内卷的行动指南

定在一年内掌握一门新的编程语言，或者在三年内获得相关的专业认证。明确的学习目标不仅能够提供学习的方向，还能够激发学习的动力。

制定详细的学习计划是实现学习目标的关键。个人应该根据自己的时间和资源，制定切实可行的学习计划。例如，我们可以每天安排固定时间进行学习，或者每周参加一次在线课程。详细的学习计划不仅能够帮助我们合理安排时间，还能够提高学习的效率和效果。

利用多样化的学习资源是提升学习效果的重要途径。个人可以通过阅读书籍、参加在线课程、参加技术研讨会和认证考试等多种方式，获取最新的知识和技能。例如，许多在线学习平台如Coursera、edX和Udemy等提供了丰富的课程资源，个人可以根据自己的需求选择合适的课程进行学习。多样化的学习资源不仅能够拓宽知识面，还能够提高学习的趣味性和互动性。

积极参与实践和应用是巩固学习成果的重要手段。个人应该将所学的知识和技能应用到实际工作和生活中，通过实践来巩固和深化学习成果。例如，一位市场营销人员可以将所学的数据分析方法应用到实际的市场调研中，通过实践来提升自己的数据分析能力。实践和应用不仅能够帮助个人更好地理解和掌握知识，还能够提高解决实际问题的能力。

建立学习社群和网络是提升学习效果的重要途径。个人可以通过加入学习社群、参加技术交流活动和与同行交流，建立广泛的学习网络。例如，许多技术社区如GitHub和Stack Overflow提供了丰富的技术资源和交流平台，个人可以通过这些平台与同行交流和学习。学习社群和网络不仅能够提供学习支持和反馈，还能够激发学习的动力和兴趣。

培养持续学习与适应变化能力需要个人和组织共同努力。组织可以通过设立学习和发展部门、提供培训和学习机会、鼓励员工参加各种学习活动来提升员工的持续学习能力。例如，许多创新型企业在内部设立了学习和发展部门，定期组织各种培训和学习活动，鼓励员工不断提升自己的职业能力。组织还可以通过建立学习型文化，鼓励员工不断学习和创新，从而提升组织的创新能力和竞争力；个人可以通过设定明确的学习目标、制定详细的学习计划、利用多样化的学习资源、积极参与实践和应用、建立学习社群和网络来提升自己的持续学习能力。组织可以通过设立学习和发展部门、提供培训和学习机会、建立学习型文化来提升员工的持续学习能力和组织的创新能力。通过这些方法和策略，个人和组织可以在快速变化的环境中保持竞争力。

三、持续学习能力的影响

持续学习能力在实际生活和工作中的应用广泛且深远。通过具体的案例分析，我们可以更直观地理解这些能力如何帮助个人或组织抓住机遇、应对挑战，并实现可持续发展。

持续学习能力在个人职业发展中起到了至关重要的作用。例如，某位软件工程师在职业生涯初期主要专注于 Java 编程。然而，随着人工智能和大数据技术的快速发展，他意识到单一技能已无法满足行业需求。于是，他通过参加在线课程、技术研讨会和认证考试，逐步掌握了 Python、机器学习和数据分析等新兴技术。这一持续学习的过程不仅使他在公司内部获得了晋升机会，还使他在求职市场上具备了更强的竞争力。通过不断更新知识和技能，他成功应对了技术变革带来的挑战，并在职业生涯中实现了持续成长。

在企业层面，持续学习的能力同样重要。以某家跨国零售企业为例，面对电子商务的迅速崛起和消费者购物习惯的变化，该企业迅速调整战略，将业务重心从传统实体店转向线上销售。为此，企业不仅加大了在电子商务平台和技术上的投资，还通过内部培训和外部合作，提升员工的数字化技能和数据分析能力。通过持续学习和适应变化，该企业成功实现了业务转型，并在激烈的市场竞争中保持了领先地位。

PART 5　突破内卷的行动指南

持续学习能力在应对突发事件和危机中也发挥了重要作用。

在教育领域，持续学习与适应变化的能力同样具有重要意义。以某所高校为例，面对在线教育的快速发展和学生需求的多样化，该校通过引入混合式教学模式、开发在线课程和提升教师的数字化教学能力，成功实现了教育模式的转型。通过持续学习，该校不仅提高了教学质量和学生的学习体验，还扩大了教育资源的覆盖范围，为更多学生提供了优质的教育服务。

持续学习能力在实际生活和工作中的应用广泛且深远。通过不断更新知识和技能，个人可以在职业生涯中实现持续成长；通过迅速调整战略和提升员工能力，企业可以在激烈的市场竞争中保持领先地位；通过掌握新的诊疗技术和防护措施，医疗机构可以有效应对突发事件和危机；通过引入新的教学模式和提升教师能力，教育机构可以提高教学质量和学生的学习体验。这些案例充分证明了持续学习在应对挑战、抓住机遇和实现可持续发展中的重要作用。

持续学习能力能够帮助个人和组织促进创新和创造力的发展，增强职业安全感和满足感。通过设定明确的学习目标、制定详细的学习计划、利用多样化的学习资源、积极参与实践和应用、建立学习社群和网络，个人可以有效提升持续学习能力。组织可以通过设立学习和发展部门、提供培训和学习机会、建立学习型文化，提升员工的持续学习能力和组织的创新能力。我们应该将持续学习与适应变化的能力作为一种核心竞争力，不断培养和提升，以应对未来的挑战。

PART 6
迈向人生新高度：向内卷说"不"

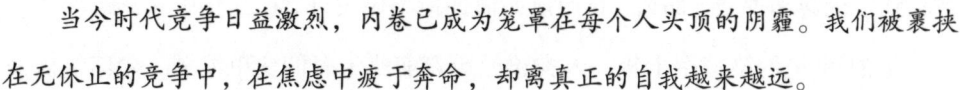

  当今时代竞争日益激烈，内卷已成为笼罩在每个人头顶的阴霾。我们被裹挟在无休止的竞争中，在焦虑中疲于奔命，却离真正的自我越来越远。

  人生不是一场永无止境的竞赛，而是一次探索自我、实现价值的独特旅程。当我们学会向内观照，倾听内心的声音，就能在纷繁世界中找到属于自己的节奏，活出生命的精彩。摆脱内卷的束缚，不是选择躺平，而是以更加从容的姿态，攀登属于自己的人生高峰。

内卷的陷阱——寻找人生的第三条出路

拥抱不确定，在变化中寻找机遇

无论是全球经济形势、科技进步，还是社会结构的变迁，都在不断挑战着我们的适应能力。面对这种不确定性，许多人感到焦虑和不安，但也有一些人能够从中找到机遇。无论是科技的飞速发展、社会的持续变革，还是个人生活状态的转变，变化无处不在。面对这些不确定性，有人感到焦虑和不安，有人则看到了机遇和挑战。那么，我们该如何拥抱不确定性，在变化中寻找机遇呢？

在 21 世纪的第三个十年，人类正经历着前所未有的变革浪潮。全球气候异常、地缘政治冲突、人工智能革命、经济格局重构，这些变量交织成一张复杂的网络，将"不确定性"从抽象概念转化为每个人必须直面的生存现实。世界银行报告显示，2020 年之后全球经济增长波动率较前十年上升了 47%，而麦肯锡调查表明，78% 的企业高管认为"应对不确定性"已成为核心管理能力。在这个"黑天鹅"频现的时代，拥抱不确定不再是一种选择，而是一种必然。

一、不确定性是不可避免的

不确定性是指缺乏确定性或可预测性的状态，源于信息不完整、环境复杂多变或未来难以预测等因素。在当今全球化、数字化的时代，不确定性已成为我们生活中的常态。理解不确定性的本质对于应对挑战和寻找机遇至关重要。

变化是推动社会进步和创新的重要力量。它可能带来颠覆性的技术革新、市场格局的重塑以及消费者行为的转变。虽然变化常常伴随着挑战，但也为个人和组织提供了重新定位、创新和成长的机会。识别变化中的机遇需要敏锐的洞察力和开放的思维。

我们需要认识到不确定性是不可避免的。从自然界到人类社会，一切都在不断地变化和发展中。变化带来了不确定性，但同时也带来了新的可能性。理解这一点，可以帮助我们从心理上接受变化，而不是抗拒它。

不确定性不只是挑战，也是机遇的源泉。正如德国作家埃克哈特·托利在《新世界》中指出："当你可以和不确定性安然共处时，无限的可能就在生命中展开了。"纳西姆·尼古拉斯·塔勒布的《反脆弱》也深入揭示了只有拥抱不确定性，才能绽放无限可能。拥抱不确定性意味着我们需要保持开放的心态。对于新的想法、新的机会，我们不应该一开始就拒绝。相反，我们应该尝试去了解、评估它们，看看是否能够为我们带来正面的影响。例如，在互联网刚兴起之时，没有人能确切预知它会如何重塑世界。但那些敢于投身其中、拥抱不确定性的创业者们，却创造出了改变人类生活方式的商业模式。那么我们如何才能拥抱这种不确定性呢？

二、如何拥抱不确定性

培养积极的心态是应对不确定性和变化的基础。乐观的态度能够帮助我们看到挑战中的机会，即使面对困难也能保持乐观，寻找解决问题的办法，保持希望和动力。同时，接受不确定性作为生活的一部分，可以减轻焦虑，提高应对能力。

提高适应能力是在变化中保持竞争力的关键。这包括快速学习新技能、调整思维模式和行为方式以适应新环境。灵活性和开放性思维能够帮助我们在变化中抓住机遇，而不是被变化所困。通过不断学习新知识、新技能，我们可以提高自己的适应能力，更好地应对变化。无论是学习一门新的语言、掌握一项新的软件操作，还是了解行业的前沿动态，每一次学习都是为应对变化储备能

内卷的陷阱——寻找人生的第三条出路

量。例如，在疫情期间，许多人通过在线学习平台提升了自己的技能，从而在新的工作环境中找到了机会；另一个案例是某科技初创公司，面对快速变化的技术环境和激烈的市场竞争。该公司通过培养创新文化，鼓励员工提出新想法并快速实验。他们采用敏捷开发方法，能够快速响应市场变化。同时，公司注重建立弹性，保持财务稳健和团队灵活性。通过定期进行 SWOT 分析和情景规划，公司能够及时调整战略，在变化中不断发现新的增长点，最终在竞争激烈的市场中脱颖而出。

创新思维是发现和创造机遇的核心。在不确定的环境中，传统的解决方案可能不再适用。培养创新思维，鼓励尝试新方法，可以帮助我们开辟新的可能性。敢于尝试新的思路和方法，就像登山者面对险峻的山峰，只有不断寻找新的路径，才能最终登顶。在新局中，每一次尝试都可能孕育着新的机遇。在充满不确定性的旅程中，失败在所难免，但每一次失败都是一次宝贵的学习机会。把失败看作是通往成功的垫脚石，你就能在不确定性中不断成长。例如，爱迪生在发明电灯的过程中经历了无数次失败，但他始终坚持不懈。他曾说："我没有失败，我只是找到了一万种不行的方法。"这种乐观的态度，让他在不确定性中找到了成功的路径。

弹性制度是应对不确定性和变化的重要策略。个人和组织的弹性包括心理韧性、财务缓冲和灵活的组织结构等。建立弹性制度不仅能够帮助我们度过困难时期，还能让我们在危机后更快恢复并抓住新的机遇。我们绝不能将自己局限于单一的技能或领域，而应当广泛涉猎，提高自己的心理能力和弹性。当某一方面遭遇不确定性的猛烈冲击时，我们便能迅速做出调整，从其他方面寻觅到新的机会与突破点。

每一次变化都是一次成长的机会。无论是个人技能的提升，还是对世界的新认识，变化总能带给我们一些新的东西。我们应该学会在变化中寻找成长的

PART 6 迈向人生新高度：向内卷说"不"

契机，让自己变得更加强大。一次计划外的旅行，可能会让你邂逅意想不到的美景与有趣的人，拓宽你的视野；一份新的工作挑战，虽然充满未知的困难，但也可能让你挖掘出自己从未发现的潜力。

在这个充满变化与挑战的时代，勇敢无畏地直面不确定性，与之安然共处。当我们能够以从容淡定的姿态迎接生活中的惊涛骇浪时，我们便会惊喜地发现，生命的绚丽画卷正在徐徐展开，无限的可能犹如繁星般璀璨闪耀在我们前方的漫漫道路上，等待着我们去大胆探索、去全力实现。让我们在不确定性中尽情绽放属于自己的万丈光芒，豪迈书写属于我们的精彩绚丽篇章。让我们以拥抱不确定性的决心与勇气，去拥抱无限美好的未来！

增强竞争力，打造不可替代性

增强竞争力和打造不可替代性是一个持续的过程，需要个人和企业不断学习、创新和进化。通过找到核心优势、关注用户需求、建立生态与网络效应以及不断创新，我们可以在激烈的竞争中脱颖而出，成为难以被取代的存在。在未来的发展中，只有那些能够适应变化、持续进化的个人和企业，才能在竞争中立于不败之地。

一、增强竞争力的重要性

增强竞争力对企业和个人发展的重要性不言而喻。首先，它能够帮助企业和个人获得更多的市场份额。在竞争激烈的市场中，只有那些能够提供更优质产品或服务的企业和个人才能吸引并留住客户。其次，强大的竞争力有助于提

内卷的陷阱——寻找人生的第三条出路

升企业和个人的品牌形象和声誉，增强客户的忠诚度。此外，竞争力强的企业和个人通常能够更有效地控制成本，提高运营效率，从而获得更高的利润。

在当今竞争激烈的市场环境中，企业和个人面临的挑战日益增多。全球化使得企业和个人不仅要面对本地竞争对手，还要应对来自全球的挑战。技术进步和数字化转型也在不断改变市场规则，企业和个人必须不断创新才能保持竞争力。此外，消费者需求的多样化和个性化趋势要求企业和个人更加灵活和快速地响应市场变化。因此，增强竞争力不仅是企业和个人应对当前挑战的需要，更是其实现长期可持续发展的战略选择。

二、提升企业竞争力的策略

企业要在激烈市场竞争中保持优势，必须构建系统性竞争力提升方案。产品创新是核心驱动力，通过加大研发投入、建立快速迭代机制，确保技术领先性；同时优化供应链管理，实现成本管控与柔性生产的平衡。

优化管理流程。高效的管理流程能够提高企业的运营效率，降低成本，从而增强竞争力。企业可以通过引入先进的管理工具和方法，如精益生产、六西格玛（Six Sigma）等，优化内部流程，提高生产效率和质量。例如，丰田公司通过实施精益生产，显著提高了生产效率和产品质量，成为全球汽车行业的领导者。

重视人才培养。企业的竞争力最终取决于其人才的实力。通过建立完善的人才培养机制，企业能够吸引和留住高素质人才，为企业的持续发展提供智力支持。企业可以通过内部培训、外部进修、导师培养等方式来提升员工的专业技能和综合素质。例如，谷歌公司通过提供丰富的培训和发展机会，吸引了全球顶尖人才，保持了其在科技行业的领先地位。

战略合作和并购。通过与行业内的领先企业建立战略合作关系，企业可以共享资源、技术和市场，从而增强自身的竞争力。并购可以帮助企业快速获取新技术、新市场和新客户，扩大市场份额。例如，Facebook通过收购Instagram和WhatsApp，不仅扩大了其用户基础，还增强了其在社交媒体领域的竞争力。

三、提升个人竞争力的策略

在竞争激烈的职场环境中，个人需要不断提升自身的竞争力，以应对不断变化的市场需求和职业挑战。以下是几个关键策略。

持续学习和技能提升。通过不断学习新知识、掌握新技能，个人能够保持与时俱进，适应行业的变化和需求。例如，参加专业培训、在线课程、行业认证等，都是提升个人技能的有效途径。以比尔·盖茨为例，他通过持续学习和掌握最新的技术趋势，始终保持在科技行业的前沿。

建立专业网络。通过与行业内的专家、同行建立联系，个人可以获得更多的职业机会、行业信息和资源。参加行业会议、加入专业协会、利用社交媒体平台等，都是建立和扩展专业网络的有效方式。例如，许多成功的企业家和职业经理人通过广泛的专业网络，获得了宝贵的职业发展机会和资源。

个人品牌建设。通过展示个人的专业能力、成就和独特价值，个人可以在职场中树立良好的声誉和形象。撰写专业文章、发表演讲、参与行业论坛等都是提升个人品牌的有效方法。例如，许多行业领袖通过持续的内容输出和公开演讲，建立了强大的个人品牌，成为行业内的权威人物。

灵活适应变化和创新能力。在快速变化的市场环境中，个人需要具备快速适应新环境、新挑战的能力，并能够提出创新的解决方案。例如，许多成功的创业者和职业经理人通过不断创新和灵活应对市场变化，取得了显著的职业成就。

四、打造企业不可替代性的关键要素

在激烈的市场竞争中，打造不可替代性是确保企业长期成功的关键。不可替代性意味着企业提供的产品或服务在市场中具有独特的价值，难以被竞争对手复制或替代。以下是打造不可替代性的几个关键要素。

独特的技术优势。企业通过掌握核心技术或专利技术，可以在市场中形成技术壁垒，使竞争对手难以模仿。例如，英特尔公司在微处理器领域的技术优势使其在市场上占据了主导地位，使其他企业难以撼动其地位。

塑造品牌忠诚度。一个强大的品牌不仅能够吸引新客户，还能够保持现有客户的忠诚度。通过持续的品牌建设和优质的服务，企业可以在客户心中建立深厚的信任和情感联系。例如，苹果公司通过其独特的品牌形象和优质的用户体验，培养了一大批忠实的粉丝，使其产品在市场上具有很高的不可替代性。

优质的客户服务。通过提供超越客户期望的服务，企业可以建立良好的口碑和客户关系，从而增强客户的黏性。例如，亚马逊公司通过其高效的物流和优质的客户服务，赢得了全球消费者的信赖，使其在电商领域具有很高的不可替代性。

构建良好的企业生态系统。通过整合上下游资源，企业可以提供"一站式"解决方案，满足客户的多样化需求。例如，阿里巴巴通过构建包括电商、支付、物流、云计算等在内的完整生态系统，使其在电商和科技领域具有很高的不可替代性。

五、打造个人不可替代性的关键要素

不可替代性意味着个人在团队或组织中具有独特的价值和技能，难以被他人取代。以下是打造个人不可替代性的几个关键要素。

独特的专业技能。通过深入钻研某一领域，成为该领域的专家，个人可以

PART 6　迈向人生新高度：向内卷说"不"

在团队中发挥不可替代的作用。例如，许多技术专家通过掌握前沿技术，成为公司技术创新的核心力量。

卓越的解决问题能力。个人通过展示其高效解决复杂问题的能力，可以在团队中树立权威和信任。例如，许多项目经理通过出色的项目管理和问题解决能力，成为公司不可或缺的核心成员。

良好的人际关系和团队合作能力。通过建立良好的人际关系和团队合作精神，个人可以在团队中发挥协调和领导作用，增强其不可替代性。例如，许多团队领导者通过卓越的沟通和协调能力，成为团队的核心和灵魂人物。

持续学习和适应能力。在快速变化的市场环境中，个人需要具备持续学习和适应新环境的能力，以保持其竞争力和不可替代性。例如，许多职业经理人通过不断学习和适应新的管理理念和方法，保持了其在职场中的领先地位。

增强竞争力和打造不可替代性是企业实现持续发展的关键路径。通过创新、优化管理、人才培养和构建独特的品牌和服务，企业可以在激烈的市场竞争中脱颖而出，保持长期的成功和盈利能力。未来，企业应继续关注市场变化，灵活调整战略，不断提升自身的竞争力和不可替代性，以应对日益复杂的市场环境。对于个人而言，通过持续学习、建立专业网络、个人品牌建设以及灵活适应变化和创新能力，个人可以在职场中保持领先地位，实现职业的持续发展。未来，个人应继续关注行业动态，不断提升自身的专业技能和综合素质，以应对不断变化的职场环境。

内卷的陷阱——寻找人生的第三条出路

保持终身学习，不断更新自我认知

当前，知识更新速度前所未有地加快，技术、经济、社会等各个领域都在发生深刻变革。面对这种变化，保持终身学习和不断更新自我认知，已经成为个人成长和职业发展的关键。

一、终身学习和自我认知更新

终身学习是指个体在一生中持续不断地获取知识、技能和经验的过程。随着科技的迅猛发展和全球化的深入推进，传统的教育模式已无法满足现代社会对人才的需求。终身学习不仅能够帮助个体适应不断变化的环境，还能提升个人的竞争力和创新能力。

终身学习对个人成长的影响是多方面的。首先，它能够拓宽知识面，增强专业技能，使个体在职场中更具竞争力。其次，终身学习有助于培养批判性思维和解决问题的能力，使个体能够更好地应对复杂多变的挑战。此外，终身学习还能促进个人的自我实现和心理健康，提升生活质量和幸福感。

在职业发展中，终身学习的作用尤为显著。随着行业的不断更新和技术的快速迭代，职场人士需要不断学习新知识和技能，以保持自身的竞争力。例如，许多企业鼓励员工参加培训和进修课程，以提升其专业能力和管理水平。终身学习还能帮助个体实现职业转型，开拓新的职业领域。例如，一些传统行业的从业者通过学习新兴技术，成功转型到互联网和人工智能等高科技行业。

自我认知是指个体对自己的认识和理解，包括对自己的优点、缺点、价值观、动机和情感等方面的认知。自我认知对个人发展至关重要，它不仅影响个体的行

PART 6 迈向人生新高度：向内卷说"不"

为和决策，还决定了个体的成长方向和潜力发挥。

自我认知在个人发展中的作用主要体现在以下几个方面。首先，它能够帮助个体明确自己的优势和劣势，从而制定合理的目标和计划。其次，自我认知有助于个体理解自己的情感和动机，提升情绪管理和自我调节能力。此外，自我认知还能促进个体的自我反思和自我改进，推动个人不断进步。

然而，自我认知并非一成不变，它需要随着时间和环境的变化而不断更新。在快速变化的现代社会中，个体的角色和身份也在不断变化，例如从学生到职场人士，从员工到管理者等。这些角色的转变要求个体不断更新自我认知，以适应新的环境和挑战。例如，一位刚晋升为管理者的职场新人，需要重新认识自己的领导能力和管理风格，以更好地履行新的职责。

自我认知更新的必要性还体现在应对复杂多变的挑战上。在现代社会中，个体面临的压力和不确定性日益增加，只有不断更新自我认知，才能更好地应对这些挑战。例如，通过自我反思和反馈，个体可以及时发现自己的不足，并采取相应的改进措施。自我认知更新还能帮助个体保持开放的心态，积极接受新事物和新思想，从而不断提升自己的综合素质。

二、终身学习和自我认知更新的关系

终身学习和自我认知更新之间存在着密切的相互促进关系。终身学习为自我认知更新提供了丰富的知识储备和实践经验，而自我认知更新则为终身学习指明了方向和动力。两者相辅相成，共同推动个体的持续成长和发展。

终身学习对自我认知更新的促进作用主要体现在以下几个方面。首先，通过学习新知识和技能，个体能够不断拓展自己的认知边界，发现自己的潜力和不足。例如，通过学习心理学和管理学，个体可以更好地理解自己的行为和动机，从而提升自我认知的深度和广度。其次，终身学习提供了多样化的学习体验和实践机会，使个体能够在不同的情境中反思和改进自我认知。例如，通过参加国际交流

项目，个体可以了解不同文化背景下的思维方式和行为模式，从而更新自己的世界观和价值观。

自我认知更新对终身学习的推动作用同样显著。首先，准确的自我认知能够帮助个体明确学习目标和方向，避免盲目学习和无效努力。例如，通过自我评估，个体可以识别自己的知识盲区和技能短板，从而有针对性地选择学习内容和方法。其次，自我认知更新能够激发个体的学习动力和热情。当个体意识到自己的不足和潜力时，往往会更加积极主动地寻求学习机会和资源。例如，一位意识到自己沟通能力不足的职场人士，可能会主动参加相关培训课程，以提升自己的沟通技巧。

自我认知更新还能提升个体的学习效果和效率。通过不断反思和改进，个体可以优化自己的学习策略和方法，从而提高学习的效果和效率。例如，通过自我反思，个体可以发现自己在学习过程中的不良习惯和思维定势，并采取相应的改进措施。这种自我调节和优化的能力，是终身学习成功的关键因素之一。

三、实现终身学习和自我认知更新的策略

要实现终身学习和自我认知更新，个体需要采取一系列有效的策略和方法。以下是一些具体的实践建议。

（一）制定学习计划

制定明确的学习目标和计划，是终身学习的基础。个体可以根据自己的兴趣、职业发展和个人成长需求，制定短期和长期的学习计划。例如，可以每年设定几个学习目标，如掌握一门新技能、阅读一定数量的书籍等。

（二）多样化学习方式

终身学习不仅限于传统的课堂学习，还可以通过多种方式进行。例如，参加在线课程、阅读专业书籍、参加研讨会和工作坊、进行实践项目等。多样化的学习方式能够帮助个体从不同角度获取知识和经验，提升学习的广度和深度。

PART 6　迈向人生新高度：向内卷说"不"

（三）自我反思和评估

定期进行自我反思和评估，是更新自我认知的重要方法。个体可以通过写日记、进行自我评估测试、寻求他人反馈等方式，了解自己的优点和不足。例如，可以每月进行一次自我反思，总结自己的学习和成长情况，并制定改进计划。

（四）寻求反馈和指导

他人的反馈和指导，能够为自我认知更新提供宝贵的参考。个体可以主动寻求同事、朋友、导师的反馈，了解自己在他人眼中的形象和行为表现。例如，可以定期与导师进行交流，听取他们的建议和意见，从而更好地认识自己。

（五）实践和应用

将所学知识和技能应用于实际生活和工作中，是终身学习和自我认知更新的重要环节。通过实践，个体可以检验和巩固所学内容，同时发现自己的不足和改进空间。例如，可以在工作中尝试新的方法和策略，观察其效果并进行调整。

（六）保持开放心态

终身学习和自我认知更新需要个体保持开放的心态，积极接受新事物和新思想。个体应勇于尝试新的学习方式和内容，不断挑战自己的认知边界。例如，可以主动参与跨学科的学习和交流，了解不同领域的知识和方法。

（七）建立学习社群

与他人共同学习和交流，能够为终身学习和自我认知更新提供支持和动力。个体可以加入学习社群、参加读书会、组建学习小组等，与他人分享学习经验和心得。例如，可以定期与学习小组成员进行讨论和交流，互相激励和启发。

终身学习和自我认知更新是个人持续成长和发展的关键。通过终身学习，个体能够不断获取新知识和技能，适应快速变化的环境；通过自我认知更新，个体能够更好地理解自己，明确成长方向和动力。两者相互促进，共同推动个体的进步和成功。

终身学习和自我认知更新是一条通往持续成长的路径。只有不断学习和更新自我认知，个体才能在快速变化的现代社会中保持竞争力和创新能力，实现自我价值和人生目标。终身学习和更新自我认知是应对时代变化、实现个人成长的重要途径。通过制定明确的学习目标、利用多样化的学习资源、培养主动学习的习惯，以及不断反思和更新自我认知，我们可以在快速变化的世界中保持竞争力，实现个人价值的最大化。正如古希腊哲学家苏格拉底所说："未经审视的人生不值得过。"让我们以终身学习为工具，不断审视和提升自己，迎接未来的挑战与机遇。

激励自己，克服恐惧与挑战

在人生的旅途中，恐惧与挑战是不可避免的。无论是面对未知的未来、艰巨的任务，还是内心的自我怀疑，恐惧都会成为我们前进的障碍。然而，正是这些恐惧与挑战，塑造了我们的性格，成就了我们的辉煌。通过激励自己，我们可以将恐惧转化为动力，将挑战视为成长的机会。

受内卷的影响，许多人因此感到焦虑、恐惧，甚至迷失方向。然而，面对这些挑战，我们并非无能为力。通过调整心态、提升自我、制定合理的目标和策略，我们完全可以激励自己，克服恐惧，迎接挑战。

一、认识恐惧

（一）恐惧的根源

恐惧通常源于对未知的担忧、对失败的害怕或对自身能力的怀疑。例如，面对一项新任务时，我们可能会担心自己无法胜任；面对公众演讲时，我们可能会害怕出错或被人嘲笑。这些恐惧往往是我们内心的投射，而非现实中的威胁。

（二）恐惧的双面性

恐惧并非完全消极，它也有其积极的一面。恐惧可以提醒我们潜在的风险，促使我们做好准备。例如，对考试的恐惧可以激励我们努力学习；对健康的恐惧可以促使我们养成健康的生活习惯。关键在于如何将恐惧转化为积极的动力。

（三）恐惧的普遍性

每个人都会经历恐惧，即使是那些看似无所畏惧的人。例如，著名篮球运动员迈克尔·乔丹曾说过："我投失了9000多个球，输了300多场比赛，26次错失绝杀机会。我一次次失败，这就是我成功的原因。"乔丹的经历表明，恐惧和失败是成功的一部分。

二、激励自己的方法

（一）设定明确的目标

明确的目标能够为我们提供方向和动力。例如，如果你害怕公开演讲，可以设定一个目标：在三个月内完成一次成功的演讲。通过将大目标分解为小步骤，你可以逐步克服恐惧，增强信心。

（二）积极的自我对话

内心的自我对话对我们的情绪和行为有着重要影响。当你感到害怕时，可以告诉自己，"我可以做到""这只是暂时的""每一次挑战都是一次成长的机会"。通过积极的自我对话，你可以增强自信，减少恐惧。

（三）可视化成功

可视化是一种强大的心理工具。在面临挑战前，你可以闭上眼睛，想象自己成功完成任务的场景。通过反复练习，你可以增强对成功的信念，减少对失败的恐惧。

（四）寻求支持与反馈

他人的支持和反馈能够帮助我们更好地应对恐惧。面对困难时，你可以向朋友、家人或导师寻求建议和鼓励。在完成任务后，你可以请他人提供反馈，找出改进的方向。通过与他人互动，你可以获得更多的力量和信息。

（五）逐步暴露法

逐步暴露法是一种有效的心理治疗方法。如果你害怕社交，可以先从与熟悉的人交流开始，逐渐扩大社交范围。通过逐步暴露于恐惧情境中，你可以逐渐适应，减少恐惧感。

（六）培养成长型思维

成长型思维认为，能力和智慧可以通过努力和学习不断提升。当你遇到困难时，可以告诉自己，"这只是一次学习的机会""通过努力，我可以变得更好"。通过培养成长型思维，你可以将挑战视为成长的契机，而不是威胁。

三、案例分析

（一）J.K. 罗琳：从失败到成功

《哈利·波特》系列的作者 J.K. 罗琳在成名前曾经历过多次失败和挫折。她曾是一名单身母亲，生活拮据，多次被出版社拒绝。然而，罗琳没有放弃，她通过坚持不懈的努力和积极的自我激励，最终创作出了全球畅销的文学作品。她的故事告诉我们，即使面对巨大的恐惧和挑战，只要不放弃，就有可能实现梦想。

（二）埃隆·马斯克：挑战不可能

特斯拉和 SpaceX 的创始人埃隆·马斯克以其大胆的创新和坚韧的毅力闻名。在创立 SpaceX 时，许多人认为私人公司不可能成功进入太空领域。然而，马斯克通过设定明确的目标、积极的自我对话和持续的努力，克服了重重困难，最终实现了太空探索的突破。他的经历表明，激励自己并勇敢面对挑战，可以创造奇迹。

（三）马拉拉·优素福扎伊：为教育而战

巴基斯坦女孩马拉拉·优素福扎伊因倡导女性教育而遭到塔利班袭击。尽管面临生命危险，马拉拉没有退缩，她通过积极的自我激励和国际社会的支持，继续为教育权利而奋斗。最终，她成为最年轻的诺贝尔和平奖得主。她的故事告诉我们，即使在最艰难的情况下，激励自己并坚持信念，也可以改变世界。

（四）托马斯·爱迪生：从失败中学习

托马斯·爱迪生在发明电灯的过程中经历了数千次失败。然而，他并没有被失败打倒，而是将每一次失败视为一次学习的机会。爱迪生曾说过："我没有失败，我只是找到了一万种不行的方法。"通过积极的自我激励和坚持不懈的努力，爱迪生最终实现了电灯的发明，改变了人类的生活方式。

四、如何将恐惧转化为动力

（一）接受恐惧的存在

首先，我们需要承认恐惧的存在，而不是逃避或否认它。当你感到害怕时，可以告诉自己："这是正常的""每个人都会经历恐惧"。通过接受恐惧，我们可以更好地应对它。

（二）分析恐惧的来源

通过分析恐惧的来源，我们可以找到应对的方法。如果你害怕公开演讲，可以分析具体的原因：是害怕出错，还是害怕被人嘲笑？通过找到根源，你可以有针对性地解决问题。

（三）制定行动计划

明确的行动计划能够帮助我们更好地应对恐惧。如果你害怕面试，可以制定一个计划：模拟面试、准备常见问题的答案、练习自我介绍。通过充分的准备，你可以增强自信，减少恐惧。

（四）庆祝小胜利

每一次克服恐惧的尝试都值得庆祝。当你完成一次公开演讲或通过一次考试时，可以给自己一些小奖励。通过庆祝小胜利，你可以增强信心，激励自己继续前进。

（五）保持积极的心态

积极的心态是克服恐惧的关键。当你遇到困难时，可以告诉自己："这只是暂时的""我可以从中学习"。通过保持积极的心态，你可以更好地应对挑战，减少恐惧的影响。

面对内卷和挑战，我们并非无能为力。通过调整心态、提升自我、制定合理的目标和策略，我们完全可以激励自己，克服恐惧，迎接挑战。关键在于明确目标、专注自我、接受不完美、培养积极心态、提升核心竞争力、保持健康的生活方式、寻求支持与平衡、以长期视角看待竞争，并付诸行动。希望你能从本文中获得启发，找到适合自己的方法，勇敢面对内卷，实现自我超越。记住，真正的竞争是与自己的较量，超越过去的自己才是最重要的。

探索新成长，突破内卷思维定式

在互联网大厂裁员潮席卷全球的 2023 年，某头部科技公司的会议室里，产品经理张薇正在演示她历时半年研发的 AI 创意工具。这个能将用户碎片化灵感转化为完整方案的智能系统，最终未被列入公司年度重点项目。决策层的理由是：当前环境下应该聚焦核心业务，而不是冒险探索新领域。这个场景折射出当下社会的集体困境——当确定性成为稀缺资源，人们本能地收缩战线，却陷入越努力越内卷的恶性循环。

PART 6　迈向人生新高度：向内卷说"不"

毋庸讳言，内卷用来描述在资源有限的情况下，个体或群体为了争夺有限的资源而进行的过度竞争。这种现象在教育、职场、商业等多个领域普遍存在，导致人们陷入一种低效、重复且无意义的竞争状态。为了摆脱这种困境，我们需要探索新的成长路径，突破内卷思维定式，寻找更加健康、可持续的发展模式。

在拥挤的地铁里，年轻人低头刷着求职软件，同一岗位的竞争者已突破四位数；凌晨的写字楼灯火通明，员工机械地重复着无差别的PPT美化工作；家长群里的教育军备竞赛蔓延到学龄前，三岁幼儿的简历已塞满钢琴考级和STEM课程。这种集体性的努力内耗，正在将整个社会拖入"剧场效应"的恶性循环——当所有人踮脚观望时，真实的成长空间却在不断坍缩。突破内卷困局，需要的不仅是个人策略调整，更是一场从认知底层开始的思维革命。

现代社会的内卷化呈现出显著的悖论特征：教育领域，985高校研究生争抢街道办岗位；职场中，程序员为保住工作主动降薪30%；消费市场，直播电商陷入全网最低价的囚徒困境。这些现象背后，是工业化时代形成的线性成长范式与数字文明时代的根本性冲突。

资源分配机制的扭曲加剧了内卷程度。当互联网平台用算法将流量集中于头部1%的内容创作者，当风险投资80%的资金涌入人工智能等少数赛道，马太效应创造出畸形的竞争生态。教育领域的数据更具警示性：某在线教育平台显示，用户为提升5分成绩愿意多支付300课时费用，边际效益的衰减曲线陡峭得令人心惊。

认知神经科学的研究揭示了内卷的心理机制：当杏仁体持续接收威胁信号，前额叶皮层会收缩理性思考空间，使人更倾向保守决策。这种进化形成的自我保护机制，在信息爆炸时代反而成为思维枷锁。斯坦福大学实验证实，长期处于竞争压力下的受试者，创造力测试得分平均下降27%。

差异化竞争正在重构价值坐标系。杭州的"95后"茶艺师林墨将宋代点茶

内卷的陷阱——寻找人生的第三条出路

技艺与沉浸式戏剧结合,创造出单场票价超 2000 元的传统文化体验项目。这种跨界创新打破了茶叶市场的价格战困局,证明细分领域的价值深挖比横向扩张更具生命力。波士顿咨询报告显示,专注利基市场的企业三年存活率比多元化经营企业高出 43%。

价值重构需要认知升维。当知识付费陷入内容同质化,得到 APP 转向企业定制化学习解决方案;传统健身房遭遇倒闭潮时,超级猩猩推出按次付费的社群化健身体验。这些转型本质上是将产品价值从功能性交付转向体验性增值,在红海市场中开辟新蓝海。

评价体系的重建是破局关键。硅谷新兴的"技能组合估值法"正在取代传统职级体系,工程师的薪酬取决于区块链、元宇宙等跨界能力的组合价值。教育领域,密涅瓦大学完全摒弃 GPA 制度,代之以项目制能力图谱评估。这种多维评价体系打破了单一赛道的竞争逻辑。

能力矩阵的构建需要战略眼光。微软亚洲研究院提出的"T 型人才 3.0"模型强调,在垂直领域深耕的同时,必须具备三种以上跨界能力组合。上海某私募基金经理通过考取心理咨询师资格,显著提升了投资者情绪洞察能力,管理规模两年增长 300%。这种复合型能力结构正在创造新的职业护城河。

技术杠杆的运用改变竞争维度。成都的独立设计师借助 AI 生成工具,单人完成了过去需要 10 人团队的设计项目;"三农"博主"乡野阿明"用无人机测绘技术为家乡设计生态旅游路线,带动全村收入翻番。数字技术正在重塑生产要素的配置方式,将劳动力竞争升维为创新力竞争。

心智模式的升级需要持续修炼。美团创始人王兴在互联网寒冬期提出"无限游戏"理念,将竞争视为自我迭代的过程而非零和博弈。这种成长型思维在组织层面同样有效,海尔推行的"链群合约"模式,将部门 KPI 转化为价值创造节点的自由组合,激发了指数级创新效应。

PART 6 迈向人生新高度：向内卷说"不"

  站在文明演进的转折点，我们目睹着旧范式的裂变与新秩序的萌发。当OpenAI的技术突破使某些岗位加速消失，也创造了AI训练师、数字伦理师等新兴职业；当教育焦虑催生出"双减"政策，也孕育出项目制学习、终身学习平台等创新形态。这些变化揭示着本质规律：真正的成长永远发生在认知边疆的开拓中。未来的赢家，必将是那些敢于跳出竞争矩阵，在无人区栽种希望的人。正如德国管理学思想家赫尔曼·西蒙所说："在风暴中造船的人，才能最先抵达新大陆。"